倡导青少年培育社……义
核心价值……

富强篇

青|少|年|读|物

共青团中央网络影视中心/主编

台海出版社

图书在版编目（CIP）数据

倡导青少年培育社会主义核心价值观的故事. 富强篇 / 共青团中央网络影视中心主编. －－北京：台海出版社，2014.6

ISBN 978－7－5168－0360－8

Ⅰ.①倡… Ⅱ.①刘… Ⅲ.①社会主义建设－价值论－中国－青少年读物 Ⅳ.①D616－49

中国版本图书馆 CIP 数据核字(2014)第 153283 号

倡导青少年培育社会主义核心价值观的故事. 富强篇

主　　编：共青团中央网络影视中心

责任编辑：王　品　　装帧设计：视界创意
版式设计：林　兰　　责任印制：蔡　旭

出版发行：台海出版社
地　　址：北京市朝阳区劲松南路 1 号　　邮政编码：100021
电　　话：010－64041652(发行,邮购)
传　　真：010－84045799(总编室)
网　　址：www.taimeng.org.cn/thcbs/default.htm
E－mail：thcbs@126.com

经　　销：全国各地新华书店
印　　刷：北京一鑫印务有限公司
本书如有破损、缺页、装订错误,请与本社联系调换

开　　本：655×960　1/16
字　　数：160 千字　　印　　张：14
版　　次：2014 年 9 月第 1 版　　印　　次：2021年6月第3次印刷
书　　号：ISBN 978－7－5168－0360－8

定　　价：35.00 元

前 言
FOREWORD

《管子》中说："主之所以为功者，富强也。故国富兵强，则诸侯服其政，邻敌畏其威。"这句话深刻道出了富强的意义，就是保证国家国力昌盛，外族不敢欺侮，邻国不敢进犯。因而，富强指的就是富足而强盛。国富民裕，综合力量强大。

富强是以物质财富为后盾的。我国改革开放的总设计师邓小平说"科学技术是第一生产力"，没错，有了先进的科学技术，就能创造出更多、更丰厚的物质财富。在人类的历史上，那些为了提高人类生产力而奋斗终生的科学家们，他们把一生的心血都奉献在提高科学技术、创造更多的人类财富上。

普通人要想变得富强，首先在精神上就要战胜一般人，锻造一个强大的内心，这样才能成功地使自己变得强大。除此之外，富强还需要人们具有勤劳的双手和勤于思考的大脑，只有具备这些才能真正地走向富强。前人常说"一勤天下无难事"，的确，只要勤快肯干，没有什么能阻挡我们奔向富强的脚步。

这本《倡导青少年培育社会主义核心价值观的故事·富强篇》，就是这样一本汇聚人物信仰、思想、创富等的故事，在书中，读者可以历览中外与古今历史故事与人物事迹，在品味故事的同时，能够领略到富强价值观的内涵所在。

目 录
CONTENTS

富强篇

求强图富的时代强音

实现富强梦必须发扬清廉节俭的传统

自古民强多志学

富强的崛起与科学的发展密不可分

富强篇

在创新中求富强

求强图富的时代强音

“以热爱祖国为荣”、“以服务人民为荣”，是社会主义荣辱观的核心内容，是每一个公民应当秉持的基本价值取向和行为准则。爱莫高于爱祖国、爱人民，心里装着祖国、装着人民，才能以国家和人民利益为重，以自己的付出和牺牲促进社会进步、增进人民幸福。像时代楷模那样，满怀对祖国对人民的无限热爱之情，自觉把个人价值追求与党和人民的事业紧紧联系在一起，把个人的奋斗融入国家富强、民族振兴的历史进程，为实现全面建设小康社会宏伟目标、创造人民幸福生活贡献智慧和力量。

“地球也要抖三抖”

【名言】

我甘愿为党为人民当一辈子老黄牛。

【故事】

王进喜，1923 年 9 月生于甘肃省玉门县赤金村。6 岁开始给地主放牛，也曾拉着双目失明的父亲去要饭。1938 年，15 岁时到玉门油矿当童工。1949 年玉门解放后到钻井队工作。1956 年 4 月加入中国共产党，担任钻井队长。

王进喜干工作一贯地积极努力，有一种争上游的精神。1958 年 7 月，在全国石油工业现场会上，为了加快玉门油田的建设，王进喜首先提出“（钻井进尺）月上千（米），年上万，玉门关上立标杆”的奋斗目标。同年 9 月，他带领 1205 钻井队（当时叫 1262 钻井队）艰苦奋战，创造了月进尺 5009 米的最新纪录，还摸索出一整套优质快速打井的经验，为提高钻井速度和质量闯出了新路。1959 年创年钻井进尺 7.1 万米的全国最新纪录。一年的进尺相当于旧中国 42 年钻井进尺的总和。那一年，王进喜被评为全国劳动模范，光荣地出席了全国群英会，参加了建国 10 周年大庆的国庆观礼。

由于在旧社会受过压迫，饱尝了旧中国“贫油落后”的苦，王进喜有一种高度的主人翁责任感和迅速改变落后面貌的强烈愿望。在参加群英会期间，他看见北京街头因缺油而背上煤气包行驶的汽车，心里非常难过。想到没有石油国家作这么大的难，从内心里感到愧疚。开会期间，他食不甘味，夜不成眠，整夜在招待所的地毯上和衣而卧想心事，他说：“我不相信石油都埋在外国的地底下。”他决心要为改变落后面貌而拼命干。听说我国东北发现了大庆油田，他心情无比高兴，摩拳擦掌，“恨不得一拳头砸出一口井来”，提出申请要去参加大庆石油会战。

1960 年 3 月，王进喜率领 1205 钻井队从玉门日夜兼程赶奔大庆。到萨尔图以后，王进喜下了火车，一不问吃，二不问住，找到调度室首先问：“我们的钻机到了没有？我们的井位在哪里？这里的钻井最高纪录是多少？”得知井位在马家窑附近，他立即带队步行两个小时来到井场。他看到一望无际的大草原和那黑油油的土地，万分激动。他说：“我们国家就是一块宝地。这回我们掉进大油海里啦，甩开膀子干吧，把‘贫油落后’的帽子甩到太平洋里去。”当天夜里，全队 33 人就住在老乡的马厩里、牛棚里，有的就在野外餐风露宿。第二天来到火车站，本队钻机没到，就帮助别的队卸车，一连卸了 7 天，被评为“干劲第一”的有名的义务装卸队。

1960 年 4 月 2 日，从玉门发出的钻机运抵萨尔图。可当时吊车、汽车，拖拉机非常少，一半会儿轮不到他们用，60 多吨重的钻机设备无法卸车、搬运和安装。面对重重困难，王进喜对大家说：“遇见困难怎么办？这就象打仗一样，不能退下来。有条件要上，没有条件创造条件也要上！”“只能上，不能等；只准干，不准拖！”他带领全队把钻机化整为零，采用“人拉肩扛”的办法把钻机和设备从火车上卸下来，运到马家窑附近的萨 55 井，安装起来。连续苦干三天三夜，王进喜没离开车站和井场。行李放在老乡家，一次都没去睡过。房东赵大娘看见王进喜这样拼命地干，对工人们说：“你们的王队长可真是个铁人哪！”工作组把这个情况向领导汇报，石油工业部部长余秋里同志大力赞扬。在油田首次技术座谈会上，会战领导小组做出决定号召全油田职工“学习铁人王进喜，人人做铁人”。会后立即掀起向铁人学习的高潮。

王进喜文化不高，但爱读毛主席的书。从玉门来大庆，别的东西都托运了，唯独把群英会上得的《毛泽东选集》带在身边。他坚持边学文化，边学毛主席著作。他说：“学会一个字就搬掉一座山，我要翻山越岭去见毛主席。”会战开始以后，面对重重困难，会战工委做出学习毛主席《实践论》、《矛盾论》的决定，王进喜响应号召，认真学“两论”。通过学习认识到：“这困难，那困难，国家缺油是最大困难；这矛盾，那矛盾，国家没油是最主要矛盾。”因此，战胜困难信心更足，行动更自觉。要开钻了，但因当时水管线没接通，罐车又少，供水不足，王进喜就带领工人到附近水泡子破冰取水，用脸盆端了50多吨水，保证萨55井于4月14日正式开钻。在整个打钻过程中，王进喜没离开过井场。饿了，啃几口冻窝窝头；困了，裹着老羊皮袄靠着钻杆打个盹儿。经全队工人努力，只用5天零4小时就打完油田上第一口生产井。

“宁可少活20年，拼命也要拿下大油田！”这是王进喜说过不止一次的话。他时时刻刻都在实践着自己的誓言。第一口井完钻后，王进喜指挥放架时，被滚堆的钻杆砸伤了脚，当时昏了过去。醒来时一看几个工人围着他抢救，井架还没放下来，就说：“我又不是泥捏的，哪能碰一下就散了！”说完站起来继续指挥放架子、搬家。领导知道后，把他送进医院，他又从医院跑出来，回到第二口（2589井）井场拄着双拐指挥打井。钻到约700米时，突然发生井喷，井场没有压井用的重晶石粉。经过研究采取用加水泥的办法，提高泥浆比重压井喷。水泥加进泥浆池就沉底，又没有搅拌器，王进喜就扔掉拐杖，奋不顾身地跳进泥浆池用身体搅拌泥浆。经全队工人奋战，终于压住了井喷，保住了钻机和油井。

1960年4月29日，会战总指挥部在萨尔图万人广场召开庆“五一”国际劳动节暨石油会战誓师动员大会，王进喜和其他红旗手骑马戴花绕场一周，受到全场的欢呼。会后，大会战正式打响，“学铁人，做铁人”活动也更加轰轰烈烈。

在学、比、赶、帮、超中，王进喜谦虚好学，以高尚的共产主义风格，支持和帮助兄弟钻井队赶上和超过自己，在当时钻机配件紧缺的情况下，他把自己从玉门带来的钻头和急用的方钻杆、方补心、柴油机飞轮等无私地支援别的井队，自己却把旧的修修继续用。在油田开发最紧张的日子里，经常利用倒班休息的时间，亲自带人到兄弟队去学习先进经验，传授快速钻井的技术。1960年7月初，会战领导小组决定晋升王进喜为钻井工程师。1960年7月28日，会战工委做出《关于开展学习“王、马、段、薛、朱”运动的决定》，王进喜被树为大庆会战的“五面红旗”之一。

1961年2月，王进喜担任钻井指挥部钻井二大队大队长，负责管理十几个钻井队。他经常身背干粮袋，骑着自己在玉门时买的摩托车，深入到各井队井场，调查研究，检查指导工作，为基层解决生产、生活、技术和工人思想上的各种实际问题。为了打出井斜不超过3度的直井，他住在井队，同钻井技术人员、钻井工人们一齐研究、试验，终于摸索出一套打直井的办法，钻成了最大井斜只有0.5度的笔直井。钻井二大队远离油田中心，工人生活不方便，他就起早贪晚，带领工人开荒种地、烧砖盖房，自己办起了商店、粮店、邮局、卫生所，盖起了职工宿舍、家属住房、办起了基地。为解决孩子们就近入学，还亲自当校长办起一个“苇棚小学”。这所学校后来发展成“铁人小学”、“铁人中学”。

1964年冬，王进喜当选为第三届全国人大代表。同年12月，出席了第三届全国人民代表大会。他在大会上“为实现石油自给，艰苦奋斗不息”的发言，受到全体代表的热烈欢迎。周恩来总理在人大会议期间亲切地接见了他。

1965年王进喜任钻井指挥部副指挥。他说：“我当了干部，仍然是个钻工。”坚持深入基层，坚持参加生产劳动，不脱离实际，不脱离群众。他依然保持着“跑井”的老习惯，到现场去解决生产、技术和后勤服务等问题。他自己保持着艰苦朴素的生活作风，而对职工家的生活格外关心。凡是职工的住房、用水、交通、孩子入学、伤病医疗大事小情都亲自过问，帮助解决困难，为人民群众操尽了心。他说：“我从小放牛。牛吃草，马吃料。牛的享受最少，出力最大。我愿意为人民当一辈子老黄牛。”在荣誉面前，王进喜一直谦虚谨慎。他说：“成绩完全属于党，我们小本上只能记差距。”

王进喜经常说：“我这一辈子就是要干好一件事情：快快地发展我国的石油工业。”为了实现这一终生理想，为了改变我国石油工业落后面貌，王进喜在长达30多年的与艰难困苦斗争中，吃大苦，耐大劳，积劳成疾，得了严重的胃病和关节炎。但他长期置疾病与个人生死于不顾，顽强地为党工作着。1970 年春，他去江汉油田进行学习和慰问，足迹遍及井场工地。4 月又万里西行，去玉门参加全国石油工业现场会。在归途，胃病发作，到北京经医院确诊为晚期胃癌。在住院治疗期间、王进喜积极配合医护人员治疗，以钢铁般的意志同病痛展开斗争。在病重时，他想到的不是个人，不是小家庭，而是更加思念大庆，关心油田生产建设，惦记广大职工、家属，他嘱咐来探视的干部回去为职工、家属和前线井队解决生活困难。还自己拿钱托人买药为职工消灭臭虫。为了解决王进喜的困难，组织上给他一些补助。他都一笔笔地记上账，保存在枕头下，临终前好交给组织，真是为人民鞠躬尽瘁，为自己不取分毫。

【解读】

王进喜同志在大庆开发建设历史上乃至我国石油工业发展史上都占有重要的地位。他留下的“铁人精神”永远是鼓舞大庆职工前进的思想动力。大庆人一直在向“铁人”王进喜同志学习；大庆各级党组织也一直把“学铁人、立新功”作为有力的思想政治工作坚持着。党中央对王进喜给予高度的肯定。1971 年 6 月 20 日《人民日报》社论《工业学大庆》中说：“王进喜同志是毛主席表彰过的那种老实人，是发扬大庆油田‘三老’、‘四严’等革命作风的榜样。”他是石油工人的杰出代表，中国工人阶级先锋战士。他先后当过钻井工、司钻、钻井队长、钻井指挥部钻井二队大队长、钻井指挥部副指挥等职。曾当选为第三届全国人大代表，中共九大代表，中共中央委员。

河南有个刘庄

【名言】

真心实意为人民办实事的作风不能变。

【故事】

1952年12月，年仅21岁的史来贺当选为刘庄村党支部书记，挑起了带领全村人治穷致富的重担。从任村支书的那天起他就立下誓言："跟党走，拔掉穷根，让老百姓过上好日子！"从1953年开始，史来贺带领刘庄人车推、肩挑、人抬，起岗填沟，拉沙盖碱，用了整整20年，把刘庄周围750多块凹凸不平的"盐碱洼"、"蛤蟆窝"荒地改造成了现代化农业园区。他潜心研究棉花种植经验，使皮棉平均亩产量达到当时全国平均产量的3倍，刘庄也因此一跃成为全国的先进典型。

新中国成立以来，有过"大跃进"的"冲动"，也有过"文革"十年的"疯狂"。潮起潮落，风风雨雨，刘庄发展的步伐一直没有停止过。有人不解，曾请史来贺解"谜"。史来贺说："俺刘庄也不是世外桃源，我们的办法是：遇事要有主心骨，不能听风就是雨。只有实事求是，从自己的实际情况出发，才能收到好效果。"他认为："社会主义的本质是让广大群众走上共同富裕的道路。所以，千变万变，发展经济、让老百姓过上好日子这一条啥时候也不能变！"

党的十一届三中全会拨乱反正，使刘庄人感到了前所未有的舒心与畅快。在史来贺带领下，刘庄经济发展步入了"快车道"。1985年，史来贺和村党支部其他成员经过反复考察，决定引进一项高科技生物工程，建设一座全国最大的生产肌苷的制药厂——华星药厂。"这高、精、尖项目，咱'泥腿子'能搞成?"有人担心"打不到狐狸惹一身骚"。史来贺还是那句话："事在人为，路在人走，业在人创。人家能干成的东西，咱们为啥干不成?"1986年5月20日，刘庄人自己设计、安装的华星药厂正式投产。打这起步，刘庄人创业的步伐迈得更快、更大了：1990年，筹资7000万元开始了华星药厂第二分厂的建设；1993年，建成青霉素钾、青霉素钠生产线；1995年，开始生产红霉素；1998年，氨苄青霉素投入生产；1999年，技术含量更高的生物发酵分厂破土动工……刘庄成了远近闻名的"中原首富村"。

【解读】

史来贺他以共产党人的奉献精神与满腔热情帮助群众树立起战胜贫困的信心。十一届三中全会以后，史来贺带领群众向高科技进军，建起全国最大的生产肌苷的华星药厂。运用新掌握的科学和管理知识，史来贺带领刘庄形成了以农促工、以工建农、农工商并举的商品经济的新格局。史来贺2003年4月23日在河南新乡逝世。史来贺多次被授予全国民兵英雄、全国植棉能手、全国特级劳动模范等光荣称号，曾经9次受到毛泽东主席接见。

“两弹”元勋

【名言】

一不为名，二不为利，但工作目标要奔世界先进水平。

【故事】

邓稼先，1924年出生于安徽怀宁县一个书香门第之家。翌年，他随母到北京，在担任清华、北大哲学教授的父亲身边长大。他5岁入小学，在父亲指点下打下了很好的中西文化基础。1935年，他考入志成中学，与比他高两班、且是清华大学院内邻居的杨振宁结为最好的朋友。邓稼先在校园中深受爱国救亡运动的影响，1937年北平沦陷后秘密参加抗日聚会。在父亲安排下，他随大姐去了大后方昆明，并于1941年考入西南联合大学物理系。

1945年抗战胜利时，邓稼先从西南联大毕业，在昆明参加了共产党的外围组织“民青”，投身于争取民主、反对国民党卖国独裁的斗争。翌年，他回到北平，受聘担任了北京大学物理系助教，并在学生运动中担任了北大教职工联合会主席。抱着学更多的本领以建设新中国之志，他于1947年通过了赴美研究生考试，于翌年秋进入美国印第安那州的普渡大学研究生院。由于他学习成绩突出，不足两年便读满学分，并通过博士论文答辩。此时他只有26岁，人称“娃娃博士”。

1950年8月，邓稼先在美国获得博士学位九天后，便谢绝了恩师和同校好友的挽留，毅然决定回国。同年10月，邓稼先来到中国科学院近代物理研究所任研究员。此后的八年间，他进行了中国原子核理论的研究。1954年，邓稼先加入了中国共产党。

1958年秋，二机部副部长钱三强找到邓稼先，说“国家要放一个‘大炮仗’”，征询他是否愿意参加这项必须严格保密的工作。邓稼先义无反顾地同意，回家对妻子只说自己“要调动工作”，不能再照顾家和孩子，通信也困难。从小受爱国思想熏陶的妻子明白，丈夫肯定是从事对国家有重大意义的工作，表示坚决支持。从此，邓稼先的名字便在刊物和对外联络中消失，他的身影只出现在严格警卫的深院和大漠戈壁。

邓稼先就任二机部第九研究所理论部主任后，先挑选了一批大学生，准备有关俄文资料和原子弹模型。1959年6月，苏联政府中止了原有协议，中共中央下决心自己动手，搞出原子弹、氢弹和人造卫星。邓稼先担任了原子弹的理论设计负责人后，一面部署同事们分头研究计算，自己也带头攻关。在遇到一个苏联专家留下的核爆大气压的数字时，邓稼先在周光召的帮助下以严谨的计算推翻了原有结论，从而解决了中国原子弹试验成败的关键性难题。数学家华罗庚后来称，这是“集世界数学难题之大成”的成果。

邓稼先不仅在秘密科研院所里费尽心血，还经常到飞沙走石的戈壁试验场。1964年10月，中国成功爆炸的第一颗原子弹，就是由他最后签字确定了设计方案。他还率领研究人员在试验后迅速进入爆炸现场采样，以证实效果。之后，他又同于敏等人投入对氢弹的研究。按照“邓—于方案”，最后终于制成了氢弹，并于原子弹爆炸后的两年零8个月试验成功。这同法国用8年、美国用7年、苏联用4年的时间相比，创造了世界上最快的速度。

1972年，邓稼先担任核武器研究院副院长，1979年又任院长。1984年，他在大漠深处指挥中国第二代新式核武器试验成功。翌年，他的癌扩散已无法挽救，他在国庆节提出的要求就是去看看天安门。1986年7月16日，时任国务院副总理的李鹏同志专程前往医院，授予他全国“五一”劳动奖章。同年7月29日，邓稼先去世。他临终前留下的话仍是如何在尖端武器方面努力，并叮咛：“不要让人家把我们落得太远……”

【解读】

邓稼先是我国核武器理论研究工作的奠基者和开拓者之一。他在原子弹、氢弹原理突破、新核武器的重大原理突破和研制实验方面都作出了重大贡献。他的名字和我们的国防大厦紧紧连在一起，将永载史册。

让中国人民过上有尊严的生活

【名言】

我个人仅仅是沧海一粟，真正伟大的是党、人民和我们的国家。

【故事】

钱学森，1911年12月11日出生于上海，祖籍浙江省杭州市临安县，是中国杰出的爱国科学家，是航空领域、空气动力学学科的第三代掌旗人，是工程控制论的创始人，是二十世纪应用数学和应用力学领域的人物。1923年9月进入北京师范大学附属中学学习，1929年9月考入交通大学机械工程系，1934年6月考取清华大学第二届公费留学生，1935年9月进入美国麻省理工学院航空系学习，1936年9月转入美国加州理工学院航空系，成为世界著名空气动力学教授冯·卡门的学生，并很快成为冯·卡门最得意的弟子，先后获航空工程硕士学位和航空、数学博士学位。1938年7月至1955年8月，钱学森在美国从事空气动力学、固体力学和火箭、导弹等领域研究，并与导师共同完成高速空气动力学问题研究课题和建立“卡门－钱近似”公式，在28岁时就成为世界知名的空气动力学家。

1950年7月，钱学森下定决心返回祖国。8月，钱学森买好了机票，准备搭乘飞机离开美国。9月中旬，他辞去了所有职务，就在这时，他突然接到美国移民局的通知，移民局不准他离开美国。当时美国海军次长金布尔声称：“钱学森无论走到哪里，都抵得上5个师的兵力，我宁可把他击毙在美国，也不能让他离开。”钱学森同志由此受到美国政府迫害，失去自由。

1955年10月，经过周恩来总理在与美国外交谈判上的不断努力，甚至不惜释放11名在朝鲜战争中俘获的美军高级将领作为交换，钱学森同志终于冲破重重阻力回到了祖国。自1958年4月起，他长期担任火箭导弹和航天器研制的技术领导职务，为中国火箭和导弹技术的发展提出了极为重要的实施方案——为中国火箭、导弹和航天事业的发展作出了不可磨灭的巨大贡献。

1956年初，他向中共中央、国务院提出《建立我国国防航空工业的意见书》；同年，国务院、中央军委根据他的建议，成立了导弹、航空科学研究的领导机构——航空工业委员会，并任命他为委员。

1956年中国第一次12年科学规划的确定，钱学森与钱伟长、钱三强一起，被周恩来称为中国科技界的“三钱”，钱学森受命组建中国第一个火箭、导弹研究所——国防部第五研究院并担任首任院长。他主持完成了“喷气和火箭技术的建立”规划，参与了近程导弹、中近程导弹和中国第一颗人造地球卫星的研制，直接领导了用中近程导弹运载原子弹“两弹结合”试验，参与制定了中国近程导弹运载原子弹“两弹结合”试验，参与制定了中国第一个星际航空的发展规划，发展建立了工程控制论和系统学等。

在控制科学领域，1954 年，钱学森发表《工程控制论》，引起了控制领域的轰动，并形成了控制科学在上世纪 50 年代和 60 年代的研究高潮。1957 年，《工程控制论》获得中国科学院自然科学奖一等奖。同年 9 月，国际自动控制联合会（IFAC）成立大会推举钱学森为第一届 IFAC 理事会常务理事，他成为了该组织第一届理事会中唯一的中国人。

钱学森之后曾任全国政协副主席、中国科学院数理化学部委员、中国宇航学会名誉理事长、中国科技协会主席。1991 年 10 月，国务院、中央军委授予钱学森“国家杰出贡献科学家”荣誉称号和一级英雄模范奖章。

在应用力学领域，钱学森在空气动力学及固体力学方面做了开拓性研究，揭示了可压缩边界层的一些温度变化情况，并最早在跨声速流动问题中引入上下临界马赫数的概念。1953 年，钱学森正式提出物理力学概念，主张从物质的微观规律确定其宏观力学特性，开拓了高温高压的新领域。

在系统工程和系统科学领域，钱学森在上世纪 80 年代初期提出国民经济建设总体设计部的概念，坚持致力于将航天系统工程概念推广应用到整个国家和国民经济建设，并从社会形态和开放复杂巨系统的高度，论述了社会系统。他发展了系统学和开放的复杂巨系统的方法论。在喷气推进与航天技术领域，钱学森在上世纪 40 年代提出并实现了火箭助推起飞装置，使飞机跑道距离缩短；1949 年，他提出火箭旅客飞机概念和关于核火箭的设想；1962 年，他提出了用一架装有喷气发动机的大飞机作为第一级运载工具，用一架装有火箭发动机的飞机作为第二级运载工具的天地往返运输系统概念。

在思维科学领域，钱学森在上世纪 80 年代初提出创建思维科学技术部门，认为思维科学是处理意识与大脑、精神与物质、主观与客观的科学，推动思维科学研究是计算机技术革命的需要。他主张发展思维科学要同人工智能、智能计算机的工作结合起来，并将系统科学方法应用到思维科学的研究中，提出思维的系统观；此外，在人体科学、科学技术体系等方面，钱学森也作出了重要贡献，是人体生命科学的开创者和奠基人之一。

【解读】

上世纪40年代钱学森就已经成为和其恩师冯·卡门并驾齐驱的航空航天领域内最为杰出的代表人物之一，成为20世纪众多学科领域的科学群星中极少数的巨星之一；钱学森同志也是为新中国的成长作出无可估量贡献的老一辈科学家团体之中，影响最大、功勋最为卓著的杰出代表人物，是新中国爱国留学归国人员中最具代表性的国家建设者，是新中国历史上伟大的人民科学家。被誉为“中国航天之父”、“中国导弹之父”、“火箭之王”、“中国自动化控制之父”。中国国务院、中央军委授予“国家杰出贡献科学家”荣誉称号，获中共中央、国务院、中央军委颁发的“两弹一星”功勋奖章。他用行动践行了诺言！

“天下第一村”当家人

【名言】

实事求是是我的灵魂。

【故事】

华西村早在20世纪60年代就是“农业学大寨”的全国典型，吴仁宝在这个村里当了创纪录的48年的村党委书记，他既是一个农村基层政权的领导者，同时又是一个乡村公司的企业家，这双重的角色让他在很多时候游刃有余，也在另一些时候，遭遇终极难题。这种欣悲交集的命运贯穿他整个的变革生涯。

当年，华西村成为全国闻名的“农业学大寨”样板大队，吴仁宝还因此当过所在的江阴县的县委书记，在江浙一带，华西村的地位和风光可比大寨，吴仁宝则赫然是“陈永贵式”的好干部。在1975年10月26日的《人民日报》上，新华社记者还曾用充满激情的笔触描写过华西村：“华西大队认真学大寨十一年，过去粮食亩产超一吨，今年可达2400斤……吴仁宝同志向自己提出了五项要求……四是百分之八十的力量用于抓农业，百分之十的地方财力用于农业机械化，把各行各业纳入以农业为基础的轨道；五是继续抓好六十四个先进大队，同时帮助六个后进公社赶上去。除此之外，还要建立一万人的理论队伍，一万人的科学技术队伍。他还向全省代表讲了改土治水、作物品种布局、秋肥造田、平整土地的规划，他把自己的蓝图编成了一首诗：九十万人民心向党，七十万亩田成方，六万山地换新装，五业发展六畜旺，社员人人喜洋洋。”

关于吴仁宝的报道，曾引得81岁的文学家叶圣陶激动不已，这位苏州人据此写了一首很长的赞美诗，其中有“仁宝同志江阴众，英雄业绩维仔肩，更思举国数千县，孰不能如江阴焉”之句。而在事实上，吴仁宝在高调学大寨的同时，却又干着另一些“见不得人”的工作。早在1969年，他就抽调20人在村里偷偷办起了小五金厂。“当时可千万不能让外面知道，正是割资本主义尾巴的时候呢。”后来顶替吴仁宝担任华西村党委书记的他的四儿子吴协恩回忆说，“田里红旗飘飘、喇叭声声，检查的同志走了，我们转身也进了工厂。为什么冒险搞工业？因为种田实在挣不到钱。当时全村人拼死拼活，农业总产值24万元，而只用20个人办的小五金厂，三年后就达到了24万元的产值。”1978年，吴仁宝盘点过华西村的家底，共有固定资产100万元，银行存款100万元，另外还存有三年的口粮，这在全国的数千乡村中可谓富甲一时。在当时，一包烟的价格是0.2元，整个江阴县的工农业总产值也仅仅数亿元而已。

就这样，吴仁宝用一种很特殊的方式改造他的家乡，1978年12月8日，《人民日报》在头版头条的显赫位置再次报道了华西村，题目是《农民热爱这样的社会主义》，同时还配发了“本报评论员”文章《华西的经验说明了什么》，这是当年度这家“中国第一媒体”对全国乡村最高规格的报道。可是，在江苏省和江阴一带，华西被嘲讽为“吹牛大队”，还有一些人给中央写内参，告发“华西村是个假典型”。在这样的风波中，吴仁宝奇迹般地躲过了暗箭，他的“江阴县委书记”在一次举报后被摘掉了，可他在华西村搞的那些小工厂却一直在地下运转。这些不受保护、偷偷摸摸的五金作坊成为了日后燎原中国的乡镇集体企业的胚胎。

家有黄金数吨，一天也只能吃三顿，豪华房子独占鳌头，一人也只占一个床位，充分显示他廉洁勤政的人生态度，正是这样的领导，带领大华西成为天下第一村！

江苏省华西村的老书记吴仁宝，有“农民政治家”、“农民企业家”、“农民思想家”、“农民语言大师”之称。笔者曾经听过吴仁宝的一场报告，他思维敏捷，谈笑风生，妙语连珠，出口成章。吴仁宝有三句名言：

第一句：“有福民享，有难官当。”2003 年，北京人民英雄纪念碑前，华西新任党委书记吴协恩带领党委委员向先烈宣誓：“有福民享，有难官当，苦战三年，拿下可用资金 50 亿。”有记者问吴仁宝，人们常说的是“有福同享，有难同当”，你们为什么要提出“有福民享，有难官当”？吴仁宝说，“立党为公，执政为民”，在华西村的体现就是“有福民享，有难官当”，这样才能体现出共产党员的先进性。

华西村 50 年的实践证明，能做到“有福民享，有难官当”，组织就有力量，干部就有权威，经济就能发展，老百姓就能真正得到实惠。

第二句：“既和上级保持一致，也和群众保持一致。”吴仁宝认为，当干部如果能与“两头”保持一致，就是一个不太差的干部。如果只跟上面保持一致，不同老百姓保持一致，就不是好干部；如果只跟老百姓保持一致，不跟组织保持一致，也是不行的。

第三句：“我听了老百姓的话，老百姓肯定会听我的话。”无锡市的村支书们在华西村办过一个礼拜的培训班，其间，有支部书记好奇地问吴仁宝：“你们的老百姓这么听话，我那里的老百姓怎么不听话？”群众不听话，是眼下很多干部的共同感受。干部做了错事不听话，情有可原，有时做的是对群众有益的事，群众也不听话，于是他们得出结论：中国老百姓素质太低。可是吴仁宝的回答是："我是不怕群众不听话，就怕自己不听群众的话。我听了老百姓的话，老百姓肯定会听我的话。"

【解读】

华西村的经验非常丰富，吴仁宝的名言可以出一本书。但仅就上述三句，我们已经可以领略"天下第一村"的奥秘所在，可以窥见一位有50余年党龄的老党员的赤子情怀。

当代产业工人的优秀代表

【名言】

干就干一流，争就争第一。

【故事】

原青岛港桥吊队队长许振超，是"文革"时期毕业的"老三届"。这个年龄层次的群体，受教育少，年龄偏大，相当一部分人成为下岗再就业的"特困户"。国家专门实施了"4050"工程，扶持这部分人再就业。但许振超不但没有下岗，而且成为世界一流的"技术专家"，在合资公司里再担重任，连外国合资方都佩服他。许振超踏着时代节拍前进的武器是"学习"。他在日记中写到："悟性在脚下，路由自己找。"

许振超所在的青岛港前湾集装箱码头是由青岛港集团、英国铁行集团、中远集团、丹麦马士基集团总投资8.87亿美元合资经营的目前世界上最大的集装箱码头企业之一。许振超参加工作三十多年来，以"干就干一流，争就争第一"的精神，立足本职，务实创新，干一行，爱一行，精一行。他自学成才，苦练技术，练就了“一钩准”、“一钩净”、“无声响操作”等绝活，并模范地带出了“王啸飞燕”、“显新穿针”、“刘洋神绳”等一大批具有社会影响的工作品牌。他带领团队按照“泊位、船时、单机”三大效率的标准要求，深入开展比安全质量、比效率、比管理、比作风的“四比”活动，先后六次打破集装箱装卸世界纪录，使“振超效率”令世人赞叹，将“振超精神”名扬四海。“10小时保班”服务品牌为顾客提供了超值服务，吸引了全球各大船运公司纷纷在青岛港上航线、换大船，2006年青岛港集装箱达到770.2万标准箱，位列世界第11强。

许振超常说：人总是要有一点精神的，在工作岗位上，干就干一流，争就争第一，拼命也要创出世界集装箱装卸名牌，为企业增效，为国家争光。在这种精神支撑和鼓舞下，“振超效率”诞生了。

随着港口西移战略的顺利进行，现代化桥吊一台台增加，带领职工创造集装箱装卸船世界纪录这个念头在他脑海中越来越强烈，也越来越自信！2003年1月，集团领导对他说：“打破世界纪录，就用你振超的名字来命名这个港口品牌。”同年4月27日夜，他们在“地中海阿莱西亚”轮上打响了创造新纪录的攻坚战。而就在作业前10小时他拿到船舶资料时却发现，在这条船上要破世界纪录非常困难。船上的重箱占60%以上，配载又不均衡。但我想，纪录是人创造的，他们就是要用真枪实弹创出新的世界纪录。战斗于晚上20时20分打响，在320米长的巨轮船边，8台桥吊一字排开。八个集装箱几乎同时带着呼啸声落下船来。当时，现场灯火通明，气势磅礴。船上、船下相互联系、密切配合，大型拖车在码头上穿梭不停，安装在桥吊上的大型钟表指针在一秒一秒地划过，记录着这次不同凡响的作业。到次日凌晨2时47分，在准确计算的时间内，他们以6小时27分钟的高速度，完成了全船3400个标准箱的装卸，创出了每小时单机效率70.3自然箱和单船效率339自然箱的世界纪录。“振超效率”由此诞生。当时，他的心中充满了自豪，激动的心情犹如体育健儿夺得金牌一样。人群渐渐散去，他呆在现场久久舍不得离开，盯着桥吊上“工人伟大，劳动光荣”八个大字，他的眼睛湿润了，他们用事实证明：中国的码头工人不比别人差，别人能干的，我们也能干，别人不能干的，我们照样能干！5 个月后，他率领团队又把每小时单船 339 自然箱这个纪录提高到了每小时 381 自然箱，再次刷新了世界纪录。

全国近千万青年职工在许振超精神的激励下广泛开展了立足岗位，学习技能的热潮。在上海宝钢股份公司，5000 多名青年职工制定了学习目标和具体计划，参与技能培训和小发明、小制作等“五小”科技创新活动。五一期间，在邯郸、青岛等地的纺织企业，在哈尔滨锅炉有限公司、大庆油田等国有大中型企业，许多青年职工利用休息时间开展了断经、电焊等技能竞赛，提高自己的技术水平。

【解读】

“振超精神”、“振超效率”是一笔非常宝贵的精神财富，把这笔财富送到全国，必将对全国贯彻“三个代表”重要思想、全力实现“两个率先”产生积极的推动作用。通过学习许振超、弘扬“振超精神”，在全社会进一步树立率先发展之志，坚定争创一流的决心，塑造以“创业、创新、创优”为核心的新时代精神，为实现“两个率先”提供源源不断的精神动力。学习“振超精神”，争创“振超效率”的三点要求，各行各业都制定了学习考核标准，特别是全国各个文明行业创建单位，都结合实际、找准载体、学出特色、学出实效。

2000 元起家的华生化工公司

【名言】

只要心还在跳动，血还是热的，就要抬起头来做人，做一个真正的人，大写的人。

【故事】

创立于1982年的上海华生化工公司，起步时仅有“三口缸、六根棒、九个人”，2000元起家，是一家合作社企业。15年中，“华生”的销售额、利润以平均每年递增50%以上的惊人速度发展，到1997年，自有资产增长到10亿元，职工个个成了富翁。之后华生发展成为国内规模最大，经济效益最好的造漆企业，1996年实现的产值、利税分别达到152亿元和43亿元。其人均利税达73万元，排名上海工业企业之首，比国际同行的水平还高出70%。“华生”之所以有如此的发展，是因为它有一个好的经营机制，有一套好的企业管理制度，有一批好的适销产品，有一个好的领导班子和一支好的职工队伍，更有一个好的企业财产组织形式，这就是“华生”的合作经济。

“华生”在15年间，从未用过国家一分钱投资或贷款，该厂职工爱厂如家，连一只玻璃瓶、一滴油也要节约。其原动力来自合作社机制——职工自愿组合、自筹资金，国家不包企业，企业不包职工。这意味着，华生是华生人的华生，它的高度的经营自主权决定了华生人可以当自己的家，但能否生存下去，也全靠自己。这使得华生必须向市场找饭吃。他们深谙“逆水行舟，不进则退”的道理，清楚地知道只有敢于打倒自己的老产品，才能在市场上步步领先。从最初的元苯香蕉水到之后的各种聚氨脂高级彩色涂料，华生月月推出新产品，年年制造新热点。他们织出了一张遍布全国的营销网络。早在1989年，他们就无师自通地在沿海省市发展了150多家特约经销处，后来又建起7家分公司，如今全国已有6万多家油漆零售店被纳入销售网中。这样的营销规模在上海工业企业中可以说是绝无仅有。这决定了职工与企业是休戚与共的共同体。华生所有的财产都归全体社员共同所有，企业办好了，于社于职工都有利，办不好，大家散伙回家，没什么可以讨价的。华生公司的最高权力机构是社员代表大会，一切重大问题须经社员代表集体讨论审定。由选举产生的民主管理委员会则行使着日常的经营决策和监督管理权力。总经理也是由社员代表大会选举产生，每四年改选一次，没有“太师椅”

可坐。在华生公司，谁混时间、出次品、浪费原料，谁就会受到全体员工的一致谴责。管理人员一直坚持“七进八出”的工作习惯。华生人真正把企业当成了“家”。按华生现在的效益，每年给职工发辆轿车都可以，但他们没有这么做。他们知道，企业必须不断扩大再生产，才能不断获得发展。华生的积累率几乎年年达到85%以上。合作社的产权关系决定了它的企业资产不仅在创建时是职工共同所有，而且日后发展壮大了的企业资产也为职工共同所有。职工们真心实意地希望企业发展壮大，有效地避免了小富即安的急功近利意识。凭着这样的机制和实力，华生的技术装备水平现已跻身世界前列，树脂车间、造漆车间的规模达到世界第一，华生有决心、有能力争取成为世界规模级的大企业。

【解读】

正因为有了大写的华生人，才有了华生实现富强梦想的辉煌成就。

吴志剑屡战屡败，终成大业

【名言】

既已启程，就不退缩。

【故事】

吴志剑曾参军服役。复员后，在常德市公安局工作。1985年，他毅然辞去了公职，下海经商。开始他与伙伴们决定养鸡，因为养鸡本钱少、周转快、一本万利。他们办起了一个鸡场，但意想不到的是，一场鸡瘟，2000只鸡全死光，投入的数千元钱全赔了。他又先后办过广播站、水泥预制板厂，因为销路不好，只好关门大吉。又办了文化俱乐部、电子管厂、食品加工厂，均遭到失败。下海经商，挫折与失败常有。但吴志剑愈挫愈奋，在总结经验后，他率领8个兄弟，只带着800元钱，便南下闯深圳了。钱用完了，就睡公厕。没钱，就捡易拉罐。一天一个人必须捡100个罐，才能混两顿饭吃。后来碰上物资公司有个商场对外承包，吴志剑身无分文，但说服人家签了合同，钱先欠着。这是一个破旧的商场。9个人打扫卫生、装饰门面，借来一个收录机，终于开张了。他们把积压的服装折价出售，收回一笔资金后，重点经营家电，实行薄利多销，讲究信用，终于获得成功，办起了深圳有名的政华集团公司，之后9个人均成了富豪。

【解读】

富强的梦想人人皆有，可是在进军的征程中必须要有种不畏惧失败的坚韧精神。

穷人最缺少的是什么

【名言】

心田里长满奇花异草，生活中才拥有一片芳菲的空间。

【故事】

法国一位年轻人很穷，很苦。后来，他以推销装饰肖像画起家，在不到10年的时间里，迅速跻身于法国50大富翁之列，成为一位年轻的媒体大亨。但不幸的是，他因患上前列腺癌，1998年去世。他去世后，法国的一份报纸刊登了他的一份遗嘱。在这份遗嘱里，他说："我曾经是一位穷人，在以一个富人的身份跨入天堂的门槛之前，我把自己成为富人的秘决留下，谁若能通过回答'穷人最缺少的是什么'而猜中我成为富人的秘诀，他将能得到我的祝贺——我留在银行私人保险箱内的

100 万法郎，将作为睿智地揭开贫穷之谜的人的奖金，也是我在天堂给予他的欢呼与掌声。”遗嘱刊出后，有 18461 个人寄来了自己的答案。这些答案，五花八门，应有尽有。绝大部分的人认为，穷人最缺少的当然是金钱了，有了钱就不会再是穷人了。另有一部分人认为，穷人之所以穷，最缺少的是机会，穷人之所以穷是穷在“背时”上面。又有一部分人认为，穷人最缺少的是技能，一无所长所以才穷，有一技之长才能迅速致富。还有的人说，穷人最缺少的是帮助和关爱等等。在这位富翁逝世周年纪念日那天，他的律师和代理人在公证部门的监督下，打开了银行内的私人保险箱，公开了他致富的秘诀，他认为：穷人最缺少的是成为富人的野心。在所有答案中，有一位年仅 9 岁的女孩猜对了。为什么只有这位 9 岁的女孩想到穷人最缺少的是野心？她在接受 100 万法郎的颁奖之日说，“每次，我姐姐把她 11 岁的男朋友带回家时，总是警告我说不要有野心！不要有野心！于是我想，也许野心可以让人得到自己想得到的东西。”

【解读】

谜底揭开之后，震动法国并波及英美。一些新富翁在就此话题谈论时，均毫不掩饰地承认：野心是永恒的“治穷”特效药，是所有奇迹的萌发点，穷人之所以穷，大多是因为他们有一种无可救药的弱点，也就是缺乏致富的野心。

管道的故事

【名言】

敢于品尝生活中的酸、甜、苦、辣，才能踏出多姿多彩的人生之路。

【故事】

1801 年，有两位年轻人，一个叫柏波罗，一个叫布鲁诺，他们是堂兄弟，都是雄心勃勃的人。他们住在意大利的一个村子里。两位年轻人从小就是要好的伙伴。他们都有雄心勃勃的梦想。他们常常没完没了地谈论，在某一天通过某种方式，让自己可以成为村里最富有的人。他们都很聪明而且勤奋，他们所需要的只是机会。有一天，机会来了。村里决定要雇用两个人把附近河里的水运到村广场的蓄水池里去。村长把这份工作交给了柏波罗和布鲁诺。两个人各抓起两只水桶奔向河边开始了他们辛勤的工作。当一天结束时，他们把村广场的蓄水池装满了。村长按每桶水一分钱付钱给他们。“我们的梦想终于实现了！”布鲁诺大喊着，“我简直不敢相信我们的好运气。”但柏波罗却不是这样想的。他的背又酸又痛，用来提那重重的水桶的手也起了泡。他害怕每天早上起来都要去做同样的一工作。于是他发誓要想出更好的办法，来将河里的水运到村里来。“布鲁诺，我有一个计划，”第二天早上，当他们抓起水桶往河边奔时柏波罗说道，“一个桶水才 1 分钱的报酬，却要这样辛苦地来回提水，我们不如修一条管道，将水从河里引进村里去吧。”布鲁诺愣住了。一条管道？谁听说过这样的事？布鲁诺大声地嚷道，“柏波罗，我们拥有一份很棒的工作。我一天可以提 100 桶水，一天就是 1 元钱！我已经是富人了！一个星期后，我就可以买双新鞋。一个月后，我就可以买一头牛。6 个月后，我还可以盖一间新房子。我们有全镇最好的工作。我们这辈子都不用愁了！放弃你的管道幻想吧。”柏波罗不是一个容易气馁的人，他耐心地向他最好的朋友解释这个计划，可惜的是并不能改变布鲁诺的想法。于是柏波罗决定，即使自己一个人也要实现这个计划，他将一部分白天的时间用来提桶运水，用另一部分时间以及周末的时间来建造他的管道。他知道，要在像岩石般坚硬的土壤中挖出一条管道是多么艰难的事。因为它的薪酬是根据运水的桶数来支付的。他知道在开始的时候，自己的收入会下降。他也知道，要等上 1 年或许 2 年，他的管道才能产生可观的效益。但柏波罗坚信他的梦想会实现，于是他全力以赴地去做了。不久，布鲁诺和其他村民就开始嘲笑柏波罗了，称他为“管道建造者柏波罗”。布鲁诺挣到的钱比柏波罗的多一倍，并常向柏波罗炫耀他新买的东西。他买了一头毛驴，配上全新的皮鞍，拴在了他新盖的两层楼旁。他还买了亮闪闪的新衣服，在饭馆里吃着可口的食物。村民尊敬地称他为布鲁诺先生。他常坐在酒吧里，掏钱请大家喝酒，而人们则为他所讲的笑话而格外高声大笑。当布鲁诺晚上和周末在吊床上悠然自得时，柏波罗却还在继续挖他的管道。头几个月里，柏波罗的努力没有多大的进展。他工作得很辛苦，比布鲁诺的工作更辛苦，因为柏波罗晚上、周末也还在工作。但柏波罗不断地提醒自己，实现明天的梦想是建立在今天的牺牲上面的。一天一天过去了，他继续挖，一次只能挖1英寸。1英寸又1英寸……成为1英尺。他一边挥动凿子，打进岩石般坚硬的土壤中，一边重复这句话。1英寸又1英寸……成为1英尺，然后10英尺……20英尺……100英尺……“短期的痛苦带来长期的回报。”每天的工作完成后，筋疲力尽的柏波罗跌跌撞撞地回到他那简陋的小屋时，他总是这样提醒自己。他通过设定每天的目标来衡量自己的工作成效。他这样一直坚持下来，因为他知道，终有一天，回报将大超过此时的付出。每当他入睡前，耳边尽是酒馆中村民的嘲笑声。“目光要牢牢地盯在回报上。”他一遍又一遍的重复这句话。就这样一天天，一月月地过去了。有一天，柏波罗意识到他的管道已经完成了一半了，这也意味着他只需提桶走一半路程了。柏波罗把这多出的时间也用来建造管道。终于，完工的日期越来越近了。在他休息的时候，柏波罗看到他的老朋友布鲁诺还在费力地运水。布鲁诺的背驮得更厉害了，并由于长期的劳累，步伐也开始变慢了。布鲁诺显得很生气，闷闷不乐，好像是为他自己注定一辈子要运水而愤恨的样子。他在吊床上的时间减少了，却花更多的时间泡在酒吧里。当布鲁诺进来时，酒吧的老顾客们都窃窃私语：“提桶人布鲁诺来了。”当镇上的醉汉模仿布鲁诺弓腰驮背的姿势和他拖着脚走路的样子时，他们都咯咯地大笑。布鲁诺不再请大家喝酒了，也不再讲笑话了。他宁愿独自坐在漆黑的角落晨，被一堆空酒瓶所包围。最后，柏波罗的重大时刻终于来了——管道完工了！村民们簇拥着来看水从管道中流到水槽里！现在村子里有源源不断的新鲜水了。附近其他村子里有人也都纷纷地搬到这个村子中来了，于是这个村子就发展和繁荣起来了。管道一完工，柏波罗就再也不用提水桶了。无论他是否工作，水都一直源源不断地流入。他吃饭时，水在流入。他睡觉时，水在流入。当他周末去玩时，水还在流入。流入村子里的水越多，流入柏波罗口袋里的钱也就越多。

【解读】

这是国外版的愚公移山的故事。我们为许多人缺乏远见而感到悲哀。但现实令我们又不得不承认，大多数人是生活在一个“提桶”的世界里，只有一小部分人敢做建造管道的梦。你是谁？提桶者还是管道建造者？

发现财富的眼光

【名言】

发现比任何劳动都更有意义。

【故事】

菲勒出生在一个贫民窟里，他和很多出生在贫民窟里的孩子一样争强好胜，也喜欢逃学。与众不同的是，菲勒从小就有一种发现财富的非凡眼光。他把一辆从街上拾来的玩具车修好，让同学们玩，然后每人收取0.5美分。在一个星期内，他竟然赚回一辆崭新的玩具车。菲勒的老师深感惋惜地的对他说：“如果你出生在富人的家庭，你会成为一个出色的商人。但是，这对你来说已是不可能的事了，你能成为街头商贩就不错了。”中学毕业后，菲勒正如他老师所说的那样，成了一名小商贩。他卖过电池、小五金、柠檬水，每一样都经营得得心应手。与贫民窟的同龄人相比，他已经可以算是出人头地了。但老师的预言也不全对，菲勒靠一批丝绸起家，从小商贩一跃而成为商人。那批丝绸来自日本，数量足有1吨之多，因为在轮船运输当中遭遇风暴，这些丝绸被浸染了。如何处理这些被浸染的丝绸，成了日本人非常头痛的事情。他们想卖掉，却无人问津；想运出港口扔了，又怕被环境部门处罚。于是，日本人打算在回程的路上把丝绸抛到大海里。港口有一个地下酒吧，菲勒经常到那里喝酒。那天，他喝醉了。当他步履蹒跚地走过几位日本海员身边时，海员们正与酒吧的服务员说那些令人讨厌的丝绸。说者无心，听者有意，他感到机会来了。第二天，菲勒来到轮船上，用手指着停在港口的一辆卡车对船长说："我可以帮你们把这些没用的丝绸处理掉。"结果，他没花任何代价便拥有了这些被染料浸过的丝绸。然后，他用这些丝绸制成迷彩服装、迷彩领带和迷彩帽子。几乎一夜之间，他拥有了10万美元的财富。

有一天，菲勒在郊外看上了一块地。他找到地皮的主人，说他愿意用10万美元买下来。地皮的主人拿到10万美元后，心里还嘲笑他："这样偏僻的地段，只有傻子才会出这么高的价钱！"令人料想不到的是，一年后，市政府宣布在郊外建环城公路。不久，菲勒的地皮升值了150倍。城里的一位富豪找到他，愿意出2000万美元购买他的地皮，富豪想在这里建造别墅群。但是，菲勒没有出卖他的地皮，他笑着对富豪说："我还想等等，因为我觉得这块地皮应该值得更多。"果然不出菲勒所料，3年后，那块地卖了2500万美元。他的同行很想知道当初他是如何获得那些信息的，他们甚至怀疑他和市政府的官员有来往。但结果令他们非常失望，菲勒没有一位在市政府任职的朋友。

菲勒活了77岁，临死前，他让秘书在报纸上发布了一条消息，说他即将去天堂，愿意给失去亲人的人带一口信，每人收费100美元。这一看似荒唐的消息，引起了无数人的好奇心，结果他赚了10万美元。如果他能在病床上多坚持几天，赚得还会更多。他的遗嘱也十分特别，他让秘书登了一则广告，说他是一位绅士，愿意和一位有教养的女士同卧一个墓穴。结果，一位贵妇人愿意出5万美元和他一起长眠。

【解读】

菲勒的发迹和致富，在许多人的眼中一直是个谜。解铃还需系铃人。他那别具匠心的碑文，也许概括了他不断在平凡中发现奇迹的传奇一生，也能帮助不少人解开他发迹和致富之谜：“我们身边并不缺少财富，而是缺少发现财富的梦想和眼光。”

赎回儿时的梦想

【名言】

梦想的力量是无穷的。

【故事】

2002 年 11 月 28 日，感恩节前 3 天，芝加哥一位名叫赛尼·史密斯的中年男子向当地法院递交了一份诉状，要求赎回自己去埃及旅行的权利。这样的诉求在美国社会，应该说十分普通。然而，该案却引起了轩然大波。这起案子的案情十分简单。它发生在 40 年前，当时赛尼·史密斯 6 岁，在威灵顿读一年级。有一天，品行老师玛丽·安小姐让他们各说出一个自己的梦想，全班 24 名同学都非常踊跃，尤其是赛尼，他一口气说出两个：一个是拥有自己的一头小母牛，另一个是去埃及旅行一次。可是当玛丽·安小姐问到一名叫杰米的男孩时，不知为什么他竟然一下子没了梦想。为了让杰米也拥有梦想，她建议杰米向同学购买一个。于是在玛丽·安小姐的见证下，杰米就用 3 美分向拥有两个梦想的赛尼买了一个。由于赛尼当时太想有一头小牛了，他就让出第二个梦想——去埃及去旅行。40 年过去了，赛尼·史密斯已人到中年，并且在商界小有成就。40 年来，也去过很多地方——瑞典、丹麦、希腊、沙特、中国、日本……然而他从来没有涉足过埃及。难道他没想过去埃及吗？他说，从他卖掉去埃及的梦想之后，他就从来没忘记过这个梦想。然而，作为一个虔诚的基督徒和一个诚信的商人，他不能去埃及，因为他把这一行为连同那个梦想一起卖掉了。

2002年感恩节前夕，他和妻子打算到非洲旅行一次，在设计旅行路线时，妻子把埃及的金字塔作为其中的一个观光项目。赛尼·史密斯决定赎回那个梦想，因为他觉得只有那样，他才能坦然地踏上那片土地。赛尼·史密斯没有能赎回那个梦想，因为经联邦法院审定，那个梦想价值3000万美元，赛尼·史密斯要赎回去，就必须倾家荡产。杰米的答辩状中是这样说的：在我接到史密斯先生的律师送达的副本时，我正在打点行装，准备全家一起去埃及。这好像是我一口回绝史密斯先生要求赎回那个梦想的理由。其实，真正的理由不是我们正准备去埃及，而是这个梦想的价值。小时候我是个穷孩子。穷到我不敢有自己的梦想。然而，自从我在玛丽小姐的鼓励下，用3美分从史密斯先生那儿购买了一个梦想之后，我彻底变得富有了。我不再散漫，我的学习有了很大的进步。我之所以能考上华盛顿大学，我想完全得益于这个梦想。因为我想去埃及。我之所以能认识我美丽贤惠的妻子，也是得益于这个梦想。她是一个对埃及着迷的人。如果我不是购买了那个梦想，我们绝不会在图书馆里相遇，更不会有一段浪漫迷人的恋爱。我的儿子现在在斯坦福大学读书，我想也是得益于这个梦想。因为从小我就告诉他："我有一个梦想，那就是去埃及。如果你能获得好的成绩，我就带你去那个美丽的地方。"我想他是在埃及的召唤下，走入斯坦福大学的。现在，我在芝加哥拥有6家超市，总价值2500万美元左右。我想，如果我没有那个去埃及旅行的梦想，我是绝对不会拥有这些财富的。尊敬的法官，我想假如这个梦想是你们的，你们一定会认为这个梦想已融入你们的生命之中，已经和你们的生活、你们的命运紧密相连，密不可分；一定会认为，这个梦想就是你们的无价之宝。

赎回一个被3美分卖掉的梦想，要花3000万美元，在我们看来，也许没有必要，或者说根本就不值得。然而，据《芝加哥电讯报》报道，之后不久，赛尼·史密斯已经上诉到联邦法院，说哪怕花3个亿，把官司打到自己的曾孙那一代，也要赎回自己儿时的梦想。

【解读】

梦想的力量究竟有多大？读完这个故事后，相信大家的心中一定会有不同的认识。但不管怎样，有一点是可以肯定的，那就是梦想有多大，你将来的成就就有多大。

写下你的梦想

【名言】

有了梦想，才会为梦想奔跑。

【故事】

1940年11月27日，他出生在美国三蕃市，英文名叫布鲁斯·李。因为父亲是演员，他从小就有了跑龙套的机会，于是产生了想当一名演员的梦想。可由于身体虚弱，父亲便让他拜师习武来强身。1961年，他考入华盛顿州立大学主修哲学，后来，他像所有正常人一样结婚生子。但在他内心深处，一刻也不曾放弃当一名演员的梦想。一天，他与一位朋友谈到梦想时，随手在一张便笺上写下了自己的人生目标：“我，布鲁斯·李，将会成为全美国最高薪酬的超级巨星。作为回报，我将奉献出最激动人心、最具震撼力的演出。从1970年开始，我将会赢得世界性声誉，到1980年，我将会拥有1000万美元的财富。那时候，我与家人将会过上愉快、和谐、幸福的生活。”写下这张便笺的时候，他的生活正是穷困潦倒，不难想象，如果这张便笺被别人看到，会引起什么样的嘲笑。然而，他却把这些话深深铭记在心底。为实现梦想，他克服了无数次常人难以想象的困难。比如，他曾因脊背神经受伤，在床上躺了4个月，但后来他却奇迹般地站了起来。1971年，命运之神终于向他露出了微笑。他主演的电影《唐山大兄》、《精武门》、《猛龙过江》均刷新香港票房记录。1972年，他主演了香港嘉和公司与美国华纳合作的《龙争虎斗》，这部电影使他成为一名国际巨星，被誉为“功夫之王”。1998年，美国《时代》周刊将其评为“20世纪英雄偶像”之一，他是唯一入选的华人。他就是李小龙，一个“最被欧洲人认识的亚洲人”，一个迄今为止在世界上享誉最高的华人明星。1973年7月，事业刚步入巅峰的李小龙因病身亡。在美国加州举行的“李小龙遗物拍卖会”上，这张便笺被一位收藏家以2.9亿的高价买走，同时，2000份获准合法复印的副本也当即被抢购一空。以致拍卖会的主持人大叫：“这就是你以后有必要把想到的事情马上写下来的原因所在。”

【解读】

及时写下你的梦想吧，哪怕是在一张不起眼的便笺上，说不定你百年后可以卖它个2亿美元。

牛仔大王“李维斯”

【名言】

换个角度看问题，往往就是走向成功的商机。

【故事】

“牛仔大王”李维斯的西部发迹史中曾有这样一段传奇：当年他像许多年青人一样，带着梦想前往西部追赶淘金热潮。一日，突然间他发现有一条大河挡住了他西去的路。苦等数日，被阻隔的行人越来越多，但都无法过河。于是陆续有人向上游、下游绕道而行，也有人打道回府，更多的则是怨声一片。而心情慢慢平静下来的李维斯想起了曾有人传授给他的一个“思考致胜”的法宝，是一段话：“太棒了，这样的事情竟然发生在我的身上，又给了我一个成长的机会。凡事的发生必有其因果，必有助于我”。于是他来到大河边，“非常兴奋”地不断重复着对自己说：“太棒了，大河居然挡住我的去路，又给我一次成长的机会，凡事的发生必有其因果，必有助于我”。果然，他真的有了一个绝妙的创业主意——摆渡。没有人吝啬一点小钱坐他的渡船过河，迅速地，他人生的第一笔财富居然因大河挡道而获得。一段时间后，摆渡生意开始清淡。他决定放弃，并继续前往西部淘金。来到西部，四处是人，他找到一块合适的空地方，买了工具便开始淘起金来。没过多久，有几个恶汉围住他，叫他滚开，别侵犯他们的地盘。他刚理论几句，那伙人便失去耐心，对他一顿拳打脚踢。无奈之下，他只好灰溜溜地离开。好不容易找到另一处合适的地方，没多久，同样的悲剧再次重演，他又被人轰了出来。在他刚到西部那段时间，多次被欺侮。终于，最后一次被人打完之后，看着那些人扬长而去的背影，他又一次想起他的“致胜法宝”：太棒了，这样的事情竟然发生在我的身上，又给了我一次成长的机会，凡事的发生必有其因果，必有助于我。他真切地、兴奋地反复对自己说着，终于，他又想出了另一个绝妙的主意——卖水。西部黄金不缺，但似乎自己无力与人争雄；西部缺水，可似乎没什么人能想到它。不久他卖水的生意便红红火火了。慢慢地，也有人参与了他的行业，再后来，同行的人越来越多。终城了世界上第一于有一天，在他旁边卖水的一个壮汉对他发出通牒：“小个子，以后你别来卖水了，从明天早上开始，这儿卖水的地盘归我了。”他以为那人是在开玩笑，第二天依然来了，没想到那家伙立即走上来，不由分说，便对他一顿暴打，最后还将他的水车也一起拆烂。李维斯不得不再次无奈地接受现实。然而当这家伙扬长而去时，他却立即开始调整自己的心态，再次强行让自己兴奋起来，不断对自己说着：太棒了，这样的事情竟然发生在我的身上，又给我一次成长的机会，凡事的发生必有其因果，必有助于我。他开始调整自己注意的焦点。他发现来西部淘金的人，衣服极易磨破，同时又发现西部到处都有废弃的帐蓬，于是他又有了一个绝妙的好主意——把那些废弃的帐蓬收集起来，洗洗干净，就这样，他缝出了世界上第一条牛仔裤！从此，他一发不可收拾，最终成为举世闻名的“牛仔大王”。

【解读】

如果我们只知道说那句话，那就成了不折不扣的阿Q，如果我们把那句话作为我们走出沮丧的警句，转变面对失败的心态，换个角度思考、行动，成功的就有可能是你、我、他！

心态创造财富

【名言】

有什么样的心态就有什么样的财富观。

【故事】

一般人眼中，拾破烂的一定是穷人，想靠拾破烂成为百万富翁近乎天方夜谭。可是，真就有人做到了。沈阳有个以拾破烂为生的人，名叫王洪怀。有一天他突发奇想：收一个易拉罐，才赚几分钱。如果将它熔化了，作为金属材料卖，是否可以多卖些钱？他于是把一个空罐剪碎，装进自行车的铃盖里，熔化成一块指甲大小的银灰色金属，然后花了600元在市有色金属研究所作了检验，结果发现这是一种很贵重的铝镁合金！当时市场上的铝锭价格，每吨在1.4万元至1.8万元之间，每个空易拉罐重18.5克，5.4万个就是1吨，这样算下来，卖熔化后的材料比直接卖易拉罐要多赚六七倍钱。他决定办一个金属再生加工厂，回收易拉罐熔炼。为了多收到易拉罐，他把回收价格从每个几分钱提高到每个一角四分，又将回收价格以及指定收购点印在卡片上，向收破烂的同行散发。一年内，加工厂用空易拉罐炼出了240多吨铝锭，三年内，他赚了270万元。他从一个“拾荒者”一跃而为百万富翁。

【解读】

一个收破烂的人，能够想到改造拾来的东西，这已经不简单了。能够送到科研机构去化验，就更是具有了专业眼光。至于600元的化验费，得拾多少个易拉罐才赚得回来哟，一般的拾荒匠是绝对舍不得的，这就是投资者和打工者的区别。这种人，不管他眼下的处境怎样，兴旺发达那只是迟早的事。

实现富强梦必须发扬清廉节俭的传统

勤劳节俭是中华民族的传统美德。它不仅是个人应有的品德，更是推动一个地区、一个国家科学发展实现富强的必不可少的条件。

如果把富强比作一座高楼，那么勤劳节俭便是攀登这座高楼的基础。有了它，不论多么巍峨的高楼，都是根基深厚，稳如泰山。可以说，厉行勤俭节约，反对铺张浪费，是缔造富强梦的必要基础。

开源节流

【名言】

劳苦之事则争先，饶乐之事则能让。

——荀子

【故事】

春秋时期，张玉和陈邵是一对好朋友，他们读书、坐息都在一起。张玉因家境较为贫穷，所以需要自己工作，赚取生活费用；陈邵则因家中富裕，所以衣食无忧。但是，每到月底缴交束脩（学生致送教师的酬金）的时候，陈邵却总是没钱。

一天，陈邵接到家中寄来的信，说："受战乱波及，家中已无多余钱财，希望你能自力更生。"陈邵看了吓了一跳，心想：这该如何是好？这时，张玉满身是泥地从外面进来，就问他："你到哪里去了？"张玉回答说："我在屋子旁开垦了一块菜圃，种些蔬菜，除了自己吃，还可以赚些钱。"接着陈邵就把自己家中来信的情况告诉了张玉。

张玉在陈邵将其家里情形说完之后，笑了笑，说："你跟我来。"他们一起走进张玉的房间，张玉指着已晒干的米饭，对陈邵说："这是你平常剩下的，我把它晒干后，再煮稀饭吃。此外，在课余，我还将教一些小孩读书收到的钱，存到竹筒里，不到必要时，绝不拿出来用。现在，我又种了一些蔬菜，各种花销应该都可以自己解决了。"

陈邵听了之后，十分惭愧地对张玉说："谢谢你对我生活上的帮助，更谢谢你教给了我'开源节流'的方法！"

【解读】

陈邵因家中富裕、衣食无忧而挥金如土；张玉因家境贫穷、生活困难而打工赚钱；但是贫穷的张玉却帮助了衣食无忧的陈邵，并使其不但认识到自己的错误，而且改变了铺张浪费的坏习气，提高了自身的道德修养，学到了“开源节流”的良好品行和生活方式。这种穷人帮富人的典例自古以来实属罕见。

古人云：“粮有万担，粗茶淡饭”。非如此，既使“裘皮革履，腰缠万贯”倘若一掷千金，也难免最终一贫如洗。可见，无论到什么时候，“勤俭持家、开源节流”都永远是我们的传家宝。

季文子以俭为荣

【名言】

君子忧道不忧贫。

——孔子

【故事】

春秋时期鲁国的贵族、著名的外交家季文子，出身于三世为相的家庭。他一生俭朴，以节俭为立身的根本，并且要求家人也过俭朴的生活。他穿衣只求朴素整洁，除了朝服以外没有几件像样的衣服，每次外出，所乘坐的车马也极其简单。

见他如此节俭，有个叫仲孙它的人就劝季文子说：“您身为上卿，德高望重，但听说你在家里不准妻妾穿丝绸衣服，也不用粮食喂马，你自己也不注重容貌服饰。这样不仅显得太寒酸，还会让别国的人笑话您，而且也有损于我们国家的体面。您为什么不改变一下这种生活方式呢？这于己于国都有好处，何乐而不为呢？”

季文子听后淡然一笑，严肃地对仲孙它说：“我也希望把家里布置得豪华典雅，但是看看我们国家的百姓，还有许多人吃着粗糙得难以下咽的食物，穿着破旧不堪的衣服，还有人正在受冻挨饿，想到这些，我怎能忍心去为自己添置家产呢？如果平民百姓都粗茶敝衣，而我则妆扮妻妾、精粮养马，这哪里还有为官的良心？况且，我听说一个国家的国强与光荣，只能通过臣民的高洁品行表现出来，并不是以官吏们拥有美艳的妻妾和良骥骏马来评定的。既如此，我又怎能接受你的建议呢？”

一番话，说得仲孙它满脸羞愧，无言以对，同时也使得他内心对季文子更加敬重。此后，他也效仿季文子，十分注重生活的俭朴。

【解读】

季文子出身于三世为相的家庭，为政三十余年，始终以节俭为立身之本，并且要求家人也过节俭朴素的生活。他认为：一个国家的强盛与繁荣，只能通过臣民的高洁品行表现出来，而不是通过朝廷官员拥有美艳妻妾和良骥骏马来评定。

这种视平民百姓为衣食父母的思想，充分体现了季文子“以民为本、以国为家”的高尚情操和道德修养。

崇尚节俭的汉文帝

【名言】

一日之用，节之必量其所入。

——欧阳修

【故事】

汉文帝（公元前202—前157年）即刘恒，是汉高祖的第三个儿子。公元前196年，被封为代王，史称文帝。

汉文帝一生崇尚省俭克奢，他在位23年，其“宫室苑囿车骑服御无所不有增益”。有一次他想建造一座“露台”，预先叫工匠计算一下花费。工匠说大约需要花费百金。汉文帝想百金相当于百余户中等人家的家产，花费太大，于是就决定不造“露台”了。汉文帝平时穿着次等丝料做的衣服，宫中爱姬的衣服不能长得拖地，屋里的帷帐不许绣花。

汉文帝为自己预修的陵墓，也要求从简，“治霸陵，皆瓦器”，不得以金银铜锡为饰。尤为难能可贵的是，他在临终前，针对当时盛行的厚葬风气，要求薄葬省繁。他对死的态度反映了朴素的观点，认为：“盖天下万物之萌生，靡不有死。死者天地之理，物之自然，奚可甚哀！”对厚葬，他认为：“当今之世，咸嘉生而恶死，厚葬以破产，重服以伤生，吾甚不取。”他下令“天下吏民，令到出临三日，皆释服。无禁娶妇嫁女祠祀饮酒食肉……无发民哭临宫殿中”，并要求“布告天下，使明知朕意”。

【解读】

作为一代权势齐天的帝王，平时穿的是次等丝料做的衣服，并要求宫中爱姬的衣服也不能长得拖地，屋里的帷帐不许绣花，且在对待自己的后事安排上，“薄葬省繁、视瓦如金”并留有“厚葬以破产，重服以伤生，吾甚不取”的遗嘱，实为难能可贵。

陆纳待客

【名言】

节俭本身就是一个财源。

——辛尼加

【故事】

陆纳是东晋时期的吴兴（今浙江省湖州）太守，当时，大将军谢安常到陆府拜访，与他畅谈安邦治国大事，二人交往颇深。

有一次，谢安突然来到陆府。陆纳的侄子陆俶见叔叔无所准备，便自作主张准备下一桌十来个人的酒馔以招待谢安。当时，陆纳仅以几盘果品和茶水招待谢安，二人谈得兴趣正浓，陆俶命人把早已备下的酒菜端了上来。当侄子的本来以为叔叔会夸他会办事，谁知客人走后，陆纳大怒，说："你不能为我增添什么光彩也就罢了，怎么还这样讲奢侈呢？玷污我一贯清操绝俗的名声！"于是，令侄子作了深刻检查，方才罢休。

陆纳尽管与谢安情投意合，是多年的莫逆之交，但他一贯秉承"君子之交淡如水"的原则，反对侄子摆酒设宴，挥霍钱财。陆纳用茶水招待谢安并非吝啬，而是他提倡清操节俭作风的具体体现，其精神确实难能可贵。

【解读】

陆俶热情好客，亲自准备酒菜，以招待登门拜访的贵宾——大将军谢安。然而，他的行为非但没有受到叔叔的表扬，反而挨了一顿批评。

通过这件事使我们看到：身居显赫位置的官员，如果能够做到生活俭朴，就能抑制贪欲之心，就不会以权谋私、以势敛财，不会授人于柄、被人牵制，从而做到清正廉明、勤政尽职，始终保持"一身正气，两袖清风"，一心一意为国家做事、为百姓服务，将手中的权力真正用于为大多数人谋幸福的善事义举上。

陶侃倡俭

【名言】

身之不俭，断不能范家；家之不俭，必至于累身。

——贺长龄

【故事】

陶侃（259—334 年），字士行，东晋庐江浔阳（今江西九江）人。陶侃在东晋从县吏一直做到荆、江二州刺史，并掌管其他六州军事，成为当时最有实力的人物。但他戎马生涯四十余年，却始终保持着勤俭节约的作风，还经常勉励部下珍惜一草一木，为国为民多作贡献。

陶侃家境贫寒，父亲病后，全家只好靠母亲一人纺线织布维持生活。为了培养他，母亲付出了全部的心血。16 岁时，陶侃在县里谋到一个小吏的职位。他刚上任不久，就利用工作之便，给母亲带回一坛她最喜欢吃的咸鱼。母亲没有吃，却原样退了回来，还责备他不该贪私，这深深教育了陶侃。

母亲的正直和勤俭影响了陶侃一生。在任荆州刺史时，有一年因战备需要造一批战船，他常去现场视察督导，发现大量的剩竹头和木屑扔得到处都是，觉得很可惜，就下令将所有的木屑和竹头都收起来，不准丢掉。没几天，木屑和竹头就堆成了小山，大家都很纳闷。到了春节前两天，突然天降大雪。第二天，又全部融化了，官衙门前到处是水。按照惯例，初一这天大家要集会，共贺新年，到时候人、车、马来来往往，必定会将门前弄得脏乱不堪。下属们正不知如何是好，陶侃却胸有成竹地说："去把木屑拉来垫上不就行了吗？"大家对陶侃的细心非常佩服，新春盛会如期圆满地结束了。

陶侃去世后，东晋大将桓温组织讨伐蜀国，发现缺少许多装船用的竹钉，于是将陶侃生前下令保存的竹头全派上了用场。

陶侃提倡节俭，非常反感那些毫不珍惜财物的人。一次，他去郊区，看见一个人拿着一把没有成熟的青稻穗，就问他为什么这样，那人说没什么，随手采的。陶侃很生气，训斥道："自己不种庄稼，还去糟蹋别人的！"当即教训了一通。在他的节俭治奢、率先垂范的影响下，荆州地区形成了勤俭的好风尚，农业也发展很快，成为当时的富庶之地。

晋建兴三年（315 年），陶侃率兵击败杜弢的反晋武装，又攻克长沙，声威很大。权臣王敦因猜忌他，解除了他的兵权，陶侃被贬为广州刺史。因为公务少，陶侃一下子成了无事可做的闲人，但他并没有放纵自己，而是想出了个治懒的办法——搬砖。

陶侃让人弄来100块大砖，早晨将砖一块块搬到房外，下午再搬回屋里，常常累得满头大汗。有人不解，甚至笑他，他却正色道："我正当壮年，总有一天要平定中原，报效国家，生活悠闲不但会变懒，还会败坏身体，以后如何担当重任？"人们听了不禁肃然起敬。

在交友和饮酒上陶侃也严格要求自己，订下限量。但别人却觉得还没尽兴，就劝他多喝一点。他说："我年轻时大醉过一次，母亲很难过，劝我不要因酒误事，所以有了这个酒约。"在他的带动下，部下都很节制，士兵也勤于训练，这无形中提高了军队的战斗力。

陶侃始终克勤克俭。因为身体不好，本来他早就要辞官了，同事们纷纷苦心挽留，他才又继续任职。后来，病情加重，他只好回到自己的封地长沙郡休养。临行之前，他让人将军用物资、车马、仪仗等物详细登记入册，全部入库，还亲自上锁封存。然后嘱咐大家以后要精打细算，一丝一毫的东西也许在关键时候就能派上用场，然后将登记簿和库房钥匙交给他们，这才依依不舍地登船离去。

【解读】

陶侃为官一生，始终保持了精打细算、克勤克俭的良好作风，他坚持"物尽其才，物尽其用"，"修旧利废、变废为宝"的故事，在民间广泛流传。

我们广大青少年在建设社会主义节约型社会中，应当像陶侃那样，以"节约光荣、浪费可耻"的良好风气影响和带动整个社会，促使人们从身边的小事做起，从自己做起，从今天做起，从一点一滴做起，节约每一度电、每一升油、每一滴水、每一张纸、每一分钱，为建设节约型社会尽到自己的一份责任、贡献自己的一份力量。

刘裕崇节俭

【名言】

君子食无求饱，居无求安。

——孔子

【故事】

刘裕（363—422 年），字德舆，小名寄奴。先祖是彭城（今江苏徐州市）人，后来迁居到京口（今江苏镇江市）。他是南北朝时期宋朝的建立者，史称宋武帝，是中国历史上杰出的政治家、卓越的军事家。

刘裕清简寡欲，严整而有法度，不重视珠玉舆马之类的装饰，后庭也没有纨绮丝竹之音。起初刘宋朝廷未备音乐，长史殷仲文提醒他，刘裕说："没有时间，而且也听不懂。"殷仲文说："多听自然会懂。"刘裕说："据说多听音乐导致情绪松懈，可能耽误政事，所以不学。"宁州曾经贡献琥珀枕，光色亮丽，价过百金。当时北伐正要开始，刘裕听说用琥珀治疗金疮效果很好，下令摔破分赐给诸将。

事务主管建议在东西堂设局脚床，以金涂钉，刘裕不准。结果只用普通的木料和铁钉做了一副简易的木脚床。广州太守曾经派人献上一匹八丈筒细布，刘裕不喜欢这种过分精致华丽的筒细布，因其费工费料，让有关官员弹劾广州太守，吩咐把布送还，还禁止岭南以后制作这样的布。

刘裕一向患有热病，而且有伤，晚年尤其严重，坐卧常需冷物。后有人献石床，睡在上面很舒服。刘裕感叹说："木床已经费钱了，何况用石材制作？"于是下令毁了不用。就连公主出嫁，陪嫁不过 20 万钱，没有锦绣金玉。

刘裕生活简单朴素，经常穿着连齿木屐，在神武门内左右散步，随从不过10余人。

年轻时刘裕在丹徒（今江苏镇江市丹徒区）种过庄稼，后来他的地位越来越高，刘裕让人把农作用具保存起来，留给后代。

若干年后，一次宋文帝参观旧居，看起这些农具觉得有失体面，于是令人将其扔掉。近侍如实答道："大舜躬耕历山，伯禹亲事土木，陛下不睹列圣之遗物，何以知稼穑之艰难，何以知先帝之至德?"说的文帝有些不好意思，改命侍从认真清点、妥善保管。

【解读】

刘裕身为南北朝时期的皇帝，又是中国历史上杰出的政治家、军事家，但他认为多听音乐导致情绪松懈，耽误政事；精致华丽的筒细布费工费料，劳民伤财。他生活简单朴素，始终保持平民百姓的本色，他还把自己用过的农具保存起来，留给后代，以作警示。

不节，则虽盈必竭；能节，则虽虚必盈。纵观历史，大到邦国，小到家庭，无不是兴于勤俭，亡于奢靡。勤俭节约是民族之魂，是中华之宝，惟有它发扬光大起来，中国才会更有发展。

隋文帝节俭治国

【名言】

常将有日思无日，莫待无时思有时。

——冯梦龙

【故事】

隋文帝杨坚很了解暴虐的统治不得人心，当了皇帝后，唯恐重蹈覆辙，怕人心不服，所以总是警惕自己，谨慎地处理政事，注意节俭。

他的三儿子秦王杨俊，灭陈的时候立下战功，受到奖励。后来，杨俊觉得自己是皇子，又有战功，生活越来越奢侈，根本不把法律放在眼里。他指使手下的人放高利贷，敲诈勒索，使许多小官吏和老百姓倾家荡产。隋文帝听说后，特地派人去调查处理，把杨俊手下的人抓起来几十个。

可是，杨俊不但不收敛，胆子反而越来越大。他模仿皇宫建造自己的宫殿，用外国进贡来的香料涂抹墙壁，用美玉、黄金装饰台阶，宫殿的墙上到处镶着镜子。还搜罗许多美女，日夜寻欢作乐。隋文帝知道了这些情况，非常生气，下令罢免了杨俊的官职，把他禁闭起来。

将军刘升以为隋文帝不过是一时气愤，就去说情。他对隋文帝说："秦王不过是多花了些钱，把房屋修得稍好一些，这算什么大错？我认为陛下处罚过重了。"隋文帝严肃地说："法不可违，不论什么人都得遵守国家的法律。"刘升以为隋文帝不过是说说而已，就坚持说："秦王还年轻，这算不了什么大错，陛下就饶了他吧！"还没等刘升说完，隋文帝站起来就走了。过了几天，大臣杨素又来劝隋文帝赦免杨俊。隋文帝说："皇子和百姓只有一个法律，照你们的说法，为什么不另立一个'皇子律'？任何人犯罪，都得依法制裁！"

杨俊听说隋文帝拒绝了杨素的请求，既担心又害怕，就病倒了。病中，他给隋文帝写信表示认罪、请求宽恕。隋文帝对送信的人说："你回去告诉杨俊，我艰苦创业，都是为了他们，希望大隋天下，子孙万代传下去。他是我的儿子，反倒要把杨家的天下断送，叫我还有什么可说？"

没过几天，杨俊病死了。他手下的人请求给杨俊立个石碑，隋文帝不同意，说："想要留名，在史书上记一笔足够了，何必立碑！"随后，吩咐把杨俊府中奢侈华丽的装饰全部毁掉。

隋文帝对皇亲国戚、王子、大臣比较严，对百姓却比较宽容。他认为，法律太苛，百姓就会反抗，法律和缓，百姓就会受到感化，自己的统治才能巩固。因此，他下令制定"隋律"，废除了前朝的许多残酷刑罚。百姓有冤枉可以越级上告，直到朝廷。各地判了死刑的罪犯，不能在当地处决，一定要送交大理寺复审，然后由皇帝批准执行。

开皇二十年（600 年），齐州有个叫王伽的小官，送 70 多个罪犯去京城长安。当时法律规定罪犯在押送途中，一定要套上枷锁。走到荥阳的时候，王伽见这些罪犯头顶太阳，颈套枷锁，实在痛苦，就叫他们停下来，对他们说："你们犯了国法，受了处分，这是罪有应得。可是，你们还给押送你们的民夫添了痛苦，让他们陪着你们风吹雨淋太阳晒，你们忍心吗？"罪犯们都表示自己有罪，连累民夫，实在过意不去。王伽说："你们带着枷锁，长途跋涉，也很不容易，我想把你们的枷锁去掉。咱们约定时间，到长安城门集齐，你们能做到吗？"罪犯们都很感动，一齐跪在王伽面前，说："大人的慈悲，我们终生难忘。"王伽遣散了民夫，把罪犯的枷锁去掉，说："如果你们失约，我只好替你们受罪了。"说完，王伽便放了罪犯，自己带着随从向长安进发。

约定的日期到了，罪犯们都按时来到城门口，一个也不缺。隋文帝听说这件事以后，非常惊异，马上召见王伽，对他大加赞赏。还把罪犯们召进宫里，设宴招待他们，并赦免了他们的罪行。随后下了一道诏书，要求各级官吏学习王伽，用感化的办法管理百姓。

隋文帝很留意民间疾苦。有一年，关中闹饥荒，他看到百姓吃糠拌豆粉，就拿来给大臣们看，责备自己没有治理好国家，下令饥荒期间不吃酒肉。

隋文帝把过去行之有效的制度加以发展，比如继续推广均田制，规定一个男劳力可分田 80 亩，一个女劳力可分田 40 亩。这样做虽然得田最多的还是官僚大地主，但是毕竟使无地少地的农民分到了一些土地，使地主兼并土地受到限制，这就提高了农民的生产积极性。

由于广大农民辛勤劳动，加上隋文帝的节俭政策，只经过二十几年，隋朝的经济就繁荣起来。政府的仓库都装得满满的，一直到隋朝灭亡以后二十年，隋朝仓库的粮食还没有用完。

【解读】

"以俭治身，则无忧；以俭治家，则无求。"隋文帝认为：自古以来，没听说有奢侈腐化而能长治久安的，故一生非常注意节俭。他对皇亲国戚要求非常严格，如若犯法，一律严惩；而对平民百姓犯法，则主张用感化的办法管理。作为一代帝王能够严以律己、为人师表，实属难能可贵。

倡俭戒奢有利于为政清廉，倡俭戒奢有利于社会稳定，倡俭戒奢有利于国家发展。隋朝兴亡之快，充分说明：奢侈则招致民怨，民怨则导致亡国，而节俭则有利于国家的长治久安。“廉者，政之本也”。我们应牢记历史的教训和经验。

唐太宗戒奢从俭

【名言】

下之用力者甚勤，上之用物者有节，民不遗力，国不过费。

——欧阳修

【故事】

唐太宗李世民深知，作为君临天下的帝王，拥有至高无上的权力，极易滋长骄奢淫逸的思想。从即位起，他便注意节制自己的欲望，戒奢从俭，减轻百姓的负担，从而增强国力。唐太宗即位后，所住的宫殿，还是隋朝时建的宫殿，经战火焚烧，早已破旧。按照惯例，新王朝国君都要大兴土木，另建新宫，至少也要将旧宫修复，粉饰一新。唐太宗目睹隋朝奢侈亡国的教训，“不敢纵逸”，一直不许兴建新的宫殿。唐太宗患有“气疾”，所住的宫殿又潮湿，夏暑秋凉，容易引起旧病复发。贞观二年（628 年），有大臣从爱护他的健康出发，奏请朝廷“营一阁以居之”。唐太宗说：“我有气疾，确实不宜居住卑湿之宫，可是要大兴土木，必然靡费人工与钱粮。昔汉文帝起露台，因惜十家之产而停建。我的功德远远不如文帝，而建新宫的费用又超过露台，这不是为天下之君所应做的事。”大臣们一再奏请，唐太宗坚持不准，此事才作罢。

贞观初年，基本上没有兴建什么大的工程。不仅如此，在洛阳遭受水灾时，百姓房屋被冲毁，太宗还下令拆掉洛阳一些宫殿，将木材分给受灾百姓，以供修房之用。而洛阳宫殿被大水冲坏后，只是稍加修缮而已。

隋朝时期盛行厚葬之风。唐太宗即位后严令禁止厚葬。他本着节俭的精神，对自己的陵寝，亲自制作规格，“因山为陵、容棺而已”。这样安排的目的是为了防止自己死后，子孙“从俗奢靡”。唐太宗去世后，殉葬品也比较俭约，体现了他的崇俭精神。当时，高力士曾进入太宗陵墓寝宫，“见梳箱一，柞木梳一，黑角木篦一，草根刷子一”，不禁赞曰：“先帝随身服用，唯留此物。欲将传示子孙，永存节俭。”唐玄宗听到高力士的汇报后，亲自前去查看，见物“肃静如不可胜”，即命史官记载下来。

工部尚书殷纶曾带一个巧匠入宫，想制造木偶戏取悦唐太宗。唐太宗不但不赏光，反而训斥了他一顿并免去他的官爵。唐太宗专门下令，禁止地方官进贡珍奇宝物，以防扰害百姓，助长君王的奢侈之心。

正是由于唐太宗带头节俭，反对奢侈，影响了许多大臣。在贞观年间，崇尚节俭蔚然成风，百姓得以安居乐业。贞观时期的经济、文化达到鼎盛，为世界瞩目。

【解读】

倡俭戒奢有利于修身立德、安邦治国。唐太宗吸取了隋朝灭亡的教训，认为：“俭”和“奢”是产生善和恶的根源，尚俭是一种美德，提倡节俭可以促进行善，有助于加强个人修养，形成良好的道德品质；杜绝奢侈则能够除孽祛恶，造福人民，而奢侈腐化、贪污行贿是国家灭亡的主要根源。

唐太宗以自己的行动为表率，对当时奢侈之风进行了坚决抵制，尚俭贯穿他一生的政治活动和个人生活中，唐太宗崇尚节俭、反对奢侈的美德，在当时乃至后世都产生了积极影响。

杨绾刮节俭之风

【名言】

常思粮米不易；恒念物财难艰。

——民谚

【故事】

杨绾，字公权，华州华阴（今陕西省华阴县）人，唐朝中期的一位名臣，官至宰相。但他最出名的也最为后人称道的是他的节俭。

唐肃宗时，杨绾升至中书舍人，按照惯例，他因为年龄大而被尊为舍人中的“阁老”，而且中书省的办公官署及官员俸禄等款项，他可以分得五分之四。但杨绾却不这样认为，他觉得同一个品级的官员应该享受同样的待遇，不应再以年龄排出等级。这样不利于年轻人发挥才干，也不利于国家的发展。因此，他便把办公官署及其他俸禄平均分给所有的中书舍人，以示公允。这样使中书省的所有人对他极为尊重，大家齐心协力，效率明显高于其他部门，而且杨绾的为人也受到朝廷上下一致赞誉。

到了唐代宗年间，杨绾又因政绩突出升至吏部侍郎。但杨绾却从不居官自傲，而是公平考选所有官员，精选能人贤才，受到众人称赞。

当时，元载掌握朝廷大权，满朝文武官员都去迎合巴结他，唯独杨绾不畏权贵，也不怕孤立受到排挤，从来不去私访拜会元载。而元载对他也存有戒心，虽然表面很敬重他，实际在心里对他极为疏远。后来找了个机会，将杨绾明升暗降，让他做了国子监祭酒，这是个没什么实权的官职。等到元载因为犯罪被诛杀后，杨绾又被拜为中书侍郎、同中书门下平章事（宰相之一）。诏令公布之日，朝野上下一片庆贺之声。

杨绾素来俭朴，品德高尚，所用车马的装饰也极为简单。出任宰相没有几天的时间，朝廷中俭朴的风气就形成了，这主要是杨绾的威信和俭朴美名所致。有个御史中丞名叫崔宽，是当时剑南西川节度使崔宁的弟弟，家中有万贯财产，平时吃穿用行极为豪华奢侈。而且他还在皇城南边修了一栋别墅，别墅里亭台楼阁，建筑很是精美华丽，在当时堪称天下第一。在杨绾上任这天，崔宽就默不作声地让人把别墅拆掉了。

还有，中书令郭子仪听说杨绾当了宰相，就下令军营中的音乐减掉五分之四。有个京兆尹黎斡，在当时很受皇上宠信，每次出门都要带一支很壮观的随行队伍，单马夫驭手就达百人。杨绾拜相的诏书下达后，黎斡也马上减少了随从人员，总共只剩下十多人，可见杨绾的影响何等巨大。其他官员因为杨绾拜相而自觉节俭的不计其数。杨绾拜相好像是一道下令节俭的诏书。

杨绾在任职期间总是以德服众，为人热情公正，执法严明无私，所以他的节俭示范和提倡节俭才收到如此效果。

【解读】

常言说得好："上梁不正下梁歪。"社会风气的好坏，特别是奢侈与节俭的风气孰能占据上风，与拥有权势的领导阶层、特别是官廷中重要人物的为人与品行，有着极为密切的关系。

杨绾之所以能服众，正是因为他的为人和影响具有导向作用。若上层领导带头奢侈无度，浪费现象严重，下层人民就会争相效仿，国家政权就有倾覆的危险；而反过来讲，若上层领导能够做到关心国计民生，为政清廉、注意节俭、忠心为国。那岂不是国之福也，民之福也！

节俭成习的苏东坡

【名言】

勤与俭，治生之道也，不勤则寡人，不俭则妄费。

——朱熹

【故事】

苏东坡即苏轼，字子瞻，自号东坡居士，四川眉山人，我国北宋时期著名的文学家、书画家。在生活上，苏东坡坚决反对铺张浪费。

有一年，苏东坡被朝廷降低职务，贬到黄州去。由于朝廷俸禄大大减少，这给他的生活带来了很大的困难。

为了度过困境，苏东坡辞退了身边的仆人，并给自己制订了每天的开支计划。

他所制订的计划是这样的：把所有人的收入和手边的钱合计出来，然后将这些钱平均分成 12 份，每月用一份，每份中又平均分成 30 份，每天只许用一份。这些钱全部分好以后，苏东坡把它们一份一份挂在屋梁上，然后每日清晨从屋梁上挑下一包。拿到一包钱后还要计划当天的开支，能不买的就不买，同样的东西要挑便宜的买。一日下来，最终的开支只准剩余，不准超支。

苏东坡把每天节省下来的钱放到一个竹筒里。这个竹筒里的钱是专门用于家中的另外开支。就这样，苏东坡一家人过着清苦的日子，日子虽然苦一些，但他们一家人倒也很快乐。他在给自己的好朋友秦少游的信中，谈到自己在黄州的每日计划开支，艰难度过的清苦情景时说："我想我之所以能支撑到现在，和我的节俭计划是分不开的。我估计现在手中的钱还可以用一年多，所以也没什么担心的。"苏东坡就是这样，凭着精打细算的节俭生活方式，度过了在黄州的那段艰难的岁月。

【解读】

苏东坡是北宋时期著名的政治家和文学家。他在被朝廷贬职期间，有计划地开支，有节制地消费，量入为出、精打细算，和全家同甘苦、共患难，终于度过了那段艰难的岁月。

节俭是一种美德，不管是条件艰苦的过去，还是生活富裕的今天，节俭始终是一种文明的体现。我们青少年更应该学习苏东坡那种勤思好问、勤俭节约的品质，养成良好的学习态度和生活习惯，尊重他人劳动成果，积极参加社会实践，将来为祖国多作贡献。

王安石从政清廉

【名言】

廉者民之表也，贪者民之贼也。

——包拯

【故事】

北宋的王安石和明朝的张居正，是两个著名的改革家。改革的目的都为补救当时千疮百孔的朝政，虽然二人的改革都得到当时皇帝的支持，但改革的道路同样艰难坎坷，最后都以失败而告终。两人也因此为后人议论纷纷，称赞的、咒骂的，至今也没有停止。但有一点是截然不同的。王安石被罢官后，虽遭人骂，但仍得到朝野尊敬，即使同他的政敌，也有相当的友谊。而张居正则相反，尸骨未寒，家即被抄，儿子被逼死，全家饿死者十余口。对这种现象，历来众说纷纭。但至少有一点是明显的，那就是王安石大权在握时自律甚严，一生廉洁；而张居正虽然深知倡廉洁、反腐败的重要，也惩办了一些腐败透顶的官吏，但是他在反人家腐败的同时，自己却也搞特权、捞好处。

北宋王朝传至神宗赵顼时，已经历了108年，朝政日益腐败，内忧外患，危机四伏。王安石受命危难之时，立志通过改革，“均天下之财，使百姓无贫”，这在当时当然是不可能的。但他在神宗的支持下，强制推行的一系列法律，限制地主阶级对农民的盘剥，引起他们不满。所以保守派对王安石群起而攻之。他们把天灾人祸，外敌入侵，甚至天象变化都说成是王安石变法的恶果。弄得宋神宗没了主意，对王安石撤了又任，任了又撤，折腾了八年，使改革终于失败。

但是所有对王安石的攻击，不过是骄傲自大，侵官拒谏，不信天命，不尊祖制之类。王安石一生不讲饮食，不修边幅，不拘小节。吃粗茶淡饭，穿破衣烂衫，有时不洗脸，长期不理发，蓬头垢面。这也许不雅，但作为一个封建社会的高官，如此行事，难能可贵。

还有一点值得深思：即使对王安石攻击最凶的人，也不敢说他以权谋私，贪赃枉法。他身为宰相，一人之下，万人之上，权力大得很，但他罢相后隐居金陵郊外，只茅舍一处，遮蔽风雨，四周连墙都没有。他自己买一头小毛驴，常常骑驴外出游逛，也够逍遥的。

那时他的住地在城东七里，离钟山也是七里，故称为“半山园”。有一次患大病，王安石以为自己将死，就把住宅捐给僧庙。但并未死，就另租别人的房子住。后人在半山园修建的王宅，经数百年风雨，至今犹存，供游人前往凭吊，现有复原的瓦房数间，败亭一处，可见当年王安石生活的艰难和淡泊。

廉能生威，这在王安石身上是得到验证的。他大权在握时，很少有人敢于巴结奉承他。有个官僚叫邓绾，曾为王安石的弟子和女婿求取官职，王安石就将此事公开，并宣布为邓绾的“罪过”。

王安石的这种言行，在历史上是罕见的。他被贬后，还不时有人去探望他、慰问他。就是王安石的政敌司马光，以及先是对他支持后又反对他的苏东坡，也对他很尊重。王安石的廉洁至少是他失势后颇受尊重的原因之一。

【解读】

王安石为官一生、廉洁勤政，他反对贪污腐败，主张开源节流，尽管改革没有取得成功，但廉能生威，这在王安石身上是得到充分验证的。

他被贬后，就连他的政敌司马光以及先是对他支持、后又反对他的苏东坡等人，还对他十分尊重，不时去探望他、慰问他，这在历史上是非常罕见的。仅从这一点上来看，王安石的廉洁至少是他失势后颇受尊重的原因之一。而张居正那种只照别人不照自己“手电筒”式的人物，其下场也就不足为怪了。

寇准罢宴

【名言】

米千粒，酒一滴；蚕千头，绢一尺。

——牛树梅

【故事】

寇准（961—1023年），字平仲，北宋真宗时在朝中任宰相。

这一天正逢寇准五十寿诞，相府门前张灯结彩、喜气洋洋，为了把自己的寿庆办得气派一些，他特意派管家陈山携带1万两银子去苏杭一带挑选歌童舞女，采办古玩玉器。不久，陈山便满载而归。1万两银子全都用光了，光是其中一株5尺高的珊瑚树和两尊翡翠寿星便花了4000两银子。

寿庆这天，相府内大摆宴席招待前来庆贺的宾客。因为寇准少年丧母，他家中有一姓刘的女仆将他带大，寇准尊称她为刘妈妈，待她如生身母亲一般。如今刘妈妈已70多岁，寇准特意在相府的西廊摆了一桌筵席，命侍女、丫环们陪伴刘妈妈。

突然管家陈山慌慌张张地走来，一见刘妈妈当即跪在地上哭着说道："刘妈妈救我！"原来，陈山一早便忙着布置寿筵，一不小心将他刚刚从杭州花巨资采购来的五尺珊瑚树失手打碎了。

刘妈妈一听那株珊瑚树是用几千两银子买来的，不由一怔，心里暗自思忖道："相爷他为庆贺寿辰竟如此奢华，未免有些过分。当初太夫人临终时，曾托付我好好照看他，如今看他这样，我若不说他几句，怎么对得起去世的太夫人哪。"

这时，一位侍随寇准的中军寻到廊下，一见陈山，忙对他说道："陈山，相爷唤你到后堂回话，还不赶快前去！"

陈山一听顿时吓得面色如土，他一边答应着一边回头连连哀求说："刘妈妈，您可要救我一救啊！"刘妈妈望着陈山的背影，不由叹了口气，为了不辜负太夫人的嘱托，她决意要对寇准进行一番规劝。突然，刘妈妈脚下一滑一下子跌倒在地上。她仔细一看，原来是回廊内点的蜡烛太多了，蜡油流得满地都是。刘妈妈一见这满地的蜡油，心里顿时感慨万端，不由回想起当年的一段往事。

原来寇准小时候，因为父亲去世早，家境贫寒，无钱念书，母亲每天晚上都要在灯下亲自督促他学习。有一年遭逢大旱，家里连买灯油的钱都没有了。为了不耽误儿子的学业，寇准的母亲跑到山上采集松香代替灯油来照明，结果因为在山上受了风寒，回来后大病了一场。想到当年的艰难情景，刘妈妈怎么能不触景伤情呢！想到这里她不由得失声痛哭起来。中军听到刘妈妈的哭声忙跑出来劝解说："刘妈妈，相爷正为陈山的事生气，您就别在这儿啼哭啦。"听中军这么一说，刘妈妈反而哭得更厉害了，她一边哭一边大声说："我心里有伤心事啊，怎么能不哭呢！"两人这一吵，寇准在堂内听到了，出来一看，见刘妈妈满面泪痕，便误以为是中军得罪了刘妈妈，顿时把脸一沉，对中军怒斥道："你到底为什么事惹得刘妈妈这样伤心，还不快讲！"

刘妈妈忙拦住寇准说："中军并没有得罪我，相爷不要错怪了他。"

"那到底是谁得罪了你，你只管说出来，我一定为你做主。"

"蒙相爷恩养，相府中谁会来得罪我呢，我是为……"刘妈妈欲言又止。

寇准见状便把中军和身边的人都打发走，这才说道："刘妈妈，您只管大胆讲吧。"

刘妈妈叹了口气，说："我就是为了相爷你才伤心的啊！"

寇准吃了一惊，忙问道："为我什么啊？"

刘妈妈难过地说道："相爷你忘了太夫人在世时，经常教诲你要以勤俭为本，你现在为庆寿竟不惜花费万金专门派人去苏杭采办歌童舞女、古玩奇珍，身为宰相如此豪华，倘若上行下效，怎能让满朝文武清廉自守？"

刘妈妈这一番话如同一盆凉水浇在了寇准的头上。接着，刘妈妈缓和了一下口气，说："相爷呀！太夫人临终时，交给我一张她亲手绘的图画，嘱咐我说，你家小官人，自幼娇生惯养，将来他若有做得不对的地方，就将这张图画交给他看。"

寇准听说母亲留下一张图画，忙让刘妈妈取来观看。只见那图画上画着寒窗孤灯之下，衣着简朴的太夫人在教导寇准读书的情景。画面上还题着四句诗：

孤灯课读苦含辛，
望尔修身为万民。
勤俭家风遵母训，
他年富贵莫忘贫。

寇准一见，顿时泪如泉涌，忙跪倒在图画面前，连连向母亲请罪。刘妈妈趁机语重心长地说道："太夫人辛苦一生，只望相爷长大成才，如今相爷官居宰相，总算没有辜负太夫人的一片苦心，如果相爷能够以勤俭为本、修身为民，便算是尽得孝心了，也是可以告慰太夫人的在天之灵了。"

寇准面带愧色连连点头称是。正在这时，中军禀报说："启禀相爷，今有王侯公卿各持礼品前来献寿。"说着把一份份礼单呈上。

寇准看也不看那些礼单，毅然摆手道："吩咐歌舞立即停止，所有贺仪、贺客，一概辞却。"中军一下子怔住了，一时不知如何是好。寇准再次对他说道："你对宾客们说明，寇准不敢违背母亲的遗训，一、今后再不庆寿；二、饶恕陈山失误；还请大家见谅。"

"是。"中军忙遵命而去。

寇准转过来对刘妈妈说道："今日若不是刘妈妈指教，寇准险些把事情做错，今后还望您看在太夫人的面上多加指教才是。"说完，命陈山将那张图画挂在后堂供奉起来。刘妈妈望着勇于改过的寇准，不由欣慰地笑了起来。从此，寇准牢记母亲的教诲，戒除奢华，尽心朝政，终于成为我国历史上的一代贤相。

【解读】

"人非圣贤，孰能无过。"名闻天下的北宋宰相寇准，在自己五十岁寿宴时，让刘妈妈给自己上了一堂生动的勤俭廉政教育课，好在他能及时认识到自己的错误，并以此为戒，悔过从善，最后终于成为我国历史上的一代贤相。

相传，从此以后，他居家过日子，非常节俭，卧室中的一顶青纱帐，用了20多年，时常有坏损之处，让人修补一下再用，也不更换新的。这说明贫穷时的节俭是一种生活需求，通达后的节俭却是一种美德。可见，养成勤俭节约的习惯和作风，足以使一个人成就事业。

司马光教子俭朴

【名言】

力学勿忘家世俭，堆金能使子孙愚。

——刘克庄

【故事】

北宋杰出史学家司马光，进士出身，官至天章阁侍兼侍讲、御史中丞、尚书左仆射等，后追封为温国公。他著述宏丰，其名著《资治通鉴》是我国一部价值很高的历史著作。他生活俭朴，工作稳重踏实，更把俭朴作为教子成才的主要内容。

在司马光的一生中，流传着许多动人的故事。据有关史料记载，司马光在工作和生活中都十分注意教育孩子力戒奢侈，谨身节用。他在《答刘蒙书》中说自己“视地而后敢行，顿足而后敢立”。为了完成《资治通鉴》这部历史巨著，他不但找来范祖禹、刘恕、刘攽当助手，还要自己的儿子司马康参加这项事务。当他看到儿子读书用指甲抓书页时，非常生气，认真地传授了他爱护书籍的经验与方法：读书前，先要把书桌擦干净，垫上桌布；读书时，要坐得端端正正；翻书页时，要先用右手拇指的侧面把书页的边缘托起，再用食指轻轻盖住以揭开一页。

他教诫儿子说：做生意的人要多积蓄一些本钱，读书人就应该好好爱护书籍。为了实现著书立说治国鉴戒的理想，他15年坚持不懈，经常抱病工作。他的亲朋好友劝他“宜少节烦劳”，他回答说：“先王曰，死生命也。”这种置生死于不顾的工作、生活作风，使儿子和同僚们深受启迪。

在生活方面，司马光节俭纯朴，“平生衣取蔽寒，食取充腹”，但却“不敢服垢弊以矫俗于名”。他常常教育儿子说：“食丰而生奢，阔盛而生侈。”为了使儿子认识崇尚俭朴的重要，他以家书的体裁写了一篇论俭约的文章。在文章中他强烈反对生活奢靡，极力提倡节俭朴实。在文中，他明确地表示了不满于奢靡陋习的观点。他说：“古人以俭约为美德，今人以俭约而遭讥笑，实在是要不得的。”他非常痛恨讲排场，摆阔气的风气。为此，他慨叹道：“居位者虽不能禁，忍助之乎！”

司马光十分赞扬宋真宗、仁宗时李亢、鲁宗道和张文节等官员的俭约作风，并再三叮嘱儿子说：“由俭入奢易，由奢入俭难。”告诫儿子这句至理名言是“大贤之深谋远虑，岂庸人所及哉”。接着，他又引自春秋时鲁国大夫御孙说的话说：“俭，德之共也；侈，恶之大也。”他还对道德和俭约的关系作了辩证而详尽的解释，他说：“言有德者皆由俭来也。夫俭则寡欲。君子寡欲则不役于物，可以直道而行；小人寡欲则能谨身节用，远罪丰家。”反之，“侈则多欲。君子多欲则贪慕富贵，枉道速祸；小人多欲则多求妄用，败家丧身。”

司马光教子力戒奢侈以齐家。为了教育儿子警惕奢侈的祸害，常常详细列举史事以为鉴戒。他曾对儿子说过：西晋时何曾“日食万钱，至孙以骄溢倾家”；石崇“以奢靡夸人，卒以此死东市”。

司马光还不断告诫孩子说：读书要认真，工作要踏实，生活要俭朴，表面上看来皆不是什么大事，然而，实质上是兴家繁国之基础。

正是这些道德品质，才能修身、齐家乃至治国、平天下。司马光关于“由俭入奢易，由奢入俭难”的警句，已成为世人传诵的名言。在他的教育下，儿子司马康从小就懂得俭朴的重要性，并以俭朴自律，历任校书郎、著作郎兼任侍讲，也以博古通今、为人廉洁和生活俭朴而称誉于后世。

【解读】

司马光在自己从政数十年及教育子女的过程中，始终贯穿着“和顺，齐家之本；谨慎，保家之本；诗书，起家之本；忠孝，传家之本”的思想。并经常教育子女，即使是一顿粥、一顿饭，也应当想到它来之不易；即使是半根丝、半根线，也要想到劳作的艰辛。

我们广大青少年，要向司马光那样，首先把自己的事情做好，关心集体、关心他人，说真话、做实事，待人以诚、交友以信，养成勤俭节约的良好习惯，才能肩负起振兴中华、赶超世界先进水平的神圣使命。

范仲淹教子俭朴济困

【名言】

不择手段地追求高级物质生活的人，他的思想品德，必然是低级的。

——潜夫

【故事】

范仲淹小时候家里很穷，直到十几岁才上学读书。为了读书，他过着十分艰苦的生活，每天熬一锅粥，冷了凝成粥冻后，用刀切成四块，早晚各吃两块，每餐就用几根咸菜下粥。经过刻苦的学习，范仲淹成为一个很有学问的人。

做官以后，他牢记穷苦百姓，以“先天下之忧而忧，后天下之乐而乐”为座右铭。他对两个儿子更是严格要求，常将自己艰苦求学的故事讲给他们听，要他们保持勤俭家风。在他的教导下，两个孩子都很懂事孝顺，也都学有所成。

二儿子范纯仁结婚前，想把婚事办得体面一些。但他深知父亲的脾气，便列出一张清单征求父亲的意见。范仲淹看后皱起了眉头，然后摇摇头说："这太过分了，哪能这么铺张！"说完见儿子低头不语，不像平时那样乐意地听取自己的意见，

于是范仲淹便又亲切地说："孩子，我不是舍不得花钱，我也知道是亲家那边想风光一下，但我们在任何时候都不能丢掉范家的家风，不能忘记'先忧天下'的信条啊！"一席话说得深明事理的儿子点头称是，忙把清单改了又改，最后办了一个简朴大方的婚礼。

范仲淹年老以后，儿子想给他造间大宅养老，他坚决不同意。他认为自己现在的房子虽然比不上他的同僚们，但已经比大多数人的居住条件好得多了。

儿子们也赞成他的意见，就将父亲积攒的俸禄拿来周济贫困亲友、部下和老百姓。对此，范仲淹欣慰地笑了。

【解读】

范仲淹为政多年，始终坚持清正廉洁、勤俭节约，且率先垂范、为人师表。特别是对在子女的教育方面，更是严格要求、毫不懈怠。正因如次，他那"克勤于邦，克俭于家"的良好品德和高尚人格才得到了后人的广泛赞扬。

提倡勤俭节约，无论是从短期还是从长期来讲，其受益者均为以下四个方面，小到一个人、一个家庭，大到一个团体、一个国家，可谓有百利而无一害，既然如此，我们又何乐而不为呢？

叶天士医穷

【名言】

以俭治身，则无忧；以俭治家，则无求。

——许名奎

【故事】

苏州名医叶天士14岁开始行医，治好了不知多少疑难绝症。他不但能医病，还能医穷呢。叶天士有个远房亲戚小三，父母双亡，留下一份薄薄的家产。本来，小三勤勤俭俭过日子也还过得下去，可他沾染恶习，大手大脚浪荡惯了，脑袋里从无“勤俭”两字。俗话说“坐吃山空”，加上小三本来家底浅薄，几年下来，家中的东西统统典当一空，只好到叶天士家来借银子。叶天士有心教训他一番，就对小三说：“小三，银子你先拿几两去。不过我也不开钱庄，今后还要靠你自己了。教你一个发财的办法：从今后你天天去扫街路，把苏州城里的梧桐叶都收集起来，晒燥整齐，藏在屋里，到时候自有大用场。”叶小三朝叶天士望望，有点不敢相信。不过他知道叶天士从来不开玩笑，于是回去就扫起街路来。

一个月，两个月，三个月，从秋扫到冬，苏州城里的梧桐叶都给小三扫了去。好在他还有几间空屋，打扫干净，将梧桐叶晒燥整齐，足足堆满三间屋。不过，叶小三却仍旧不知道梧桐叶派啥用场。苏州城里的老百姓道是把这件事传了开来，都说这叶小三在发神经病哩。

第二年开春，苏州一带突然发起瘟疫来，蔓延极快，来势很凶。苏州府特地办起医局，请当地的名医来治瘟，到医局去看病的百姓络绎不绝。

叶天士也经常到医局治病。不过，叶天士开的药方很怪，每张方子上都有“梧桐叶三钱”。药店里过去从来不备梧桐叶，现在又刚开春，梧桐树上光秃秃的，只有几个芽头，到什么地方去寻梧桐叶呢？大家正在焦急万分，叶天士却胸有成竹地对他们说：“叶小三家中有梧桐叶，你们去买吧。”

这样一来，叶小三的家门口一批批的人群涌过来，都要向他买梧桐叶，叶小三靠梧桐叶赚进了好大一笔钱。

瘟疫过去了，叶小三家中满满三间的梧桐叶正好用光，叶小三对叶天士佩服得五体投地，诚心诚意上门磕头道谢，又问他今年还要不要扫梧桐叶？叶天士笑笑说：“今年就用不着扫啦。去年我预料要发生瘟疫，才托你为大家做桩好事，果然应了验，明年不会再有瘟疫，也不会再用梧桐叶。不过，你从中也应该悟出一个道理来才是，一个人活在世上，总要恪守‘勤俭’二字，就说每天扫街路吧，梧桐叶积起来，积少成多，到头来也能做大事。”

叶小三听了这番话，心想：过去走在街上，没有一个人看得起我；现在走在街上，我感到十分光彩。叶先生的话确实有道理。此后，他拿卖梧桐叶赚来的钱做起了小生意，日子过得越来越红火。

【解读】

常言道“赠人千金，不如授人一技”。叶天士以勤劳致富的方法帮助叶小三脱了贫，同时也给苏州人民治好了疾病，并且使叶小三从此改掉了挥金如土的坏毛病，养成了勤俭持家的好习惯。适逢高人指教，可谓一举三得。

诚如前人所言“近金者赤，近墨者黑。”倘若我们都能向胸怀宽广、目光远大且又有良好道德修养、克勤克俭的人学习，并自觉养成自强自立、勤俭持家的良好作风。那么，未来的生活一定会更加美好，未来的世界一定会更加精彩。

反腐倡廉的皇帝朱元璋

【名言】

奢侈之费，甚于天灾。

——房玄龄

【故事】

在大明王朝建立的前夕，朱元璋将文武百官请到自己的身边，给大家出了个题目：元朝为什么会迅速土崩瓦解？不久将诞生的新王朝当务之急是什么？请大家各抒已见。高参刘基首先进言：“宋元以来，宽纵日久，当使纪纲整肃，然后才能实施新政。”

朱元璋感到言之有理，也深感大明朝的当务之急，应是制定法律，以法治国。洪武三十年（1397 年），朱元璋正式颁布了几经修改的《大明律》。《大明律》简于《唐律》，严于《宋律》。

《大明律》对官吏贪污腐败，处罚特别重。犯有贪赃罪的官吏，一经查清，一律发配到北方荒漠中充军。官员若贪污赃银 60 两以上，将被处枭首示众、剥皮实草之刑。命在各府州县衙门左侧设皮场庙，就是剥皮的刑场，贪官被押到这里，砍下头颅，挂到竿子上示众，再剥下人皮，塞上稻草，摆到衙门公堂旁边，用以警告继任的官员。

朱元璋对自己制定的法律，带头实行，而且执法相当严厉，这在中国古代封建皇帝中是少有的。他的女婿、驸马都尉欧阳伦，凭着自己是马皇后亲生女儿安庆公主的丈夫，不顾朝廷的禁令，向陕西贩运私茶。后来河桥巡检司的一位小吏向朱元璋告发了此事。朱元璋立即下令赐死欧阳伦，同时他还发了通敕令，表扬那位小吏不畏权贵的斗争精神。

朱元璋惟一的亲侄、开国功臣朱文正违法乱纪，朱元璋毫不留情废了他的官职。开国功臣汤和的姑夫，自以为后台硬，就隐瞒常州的土地，不纳税粮，朱元璋也将他依法处死。

朱元璋当皇帝的 30 年中，还公开镇压了几起大贪污案，其中最大的是郭桓案。郭桓案发时为户部侍郎。洪武十八年（1385 年），御史余敏等告发北京承宣布政使司、提刑按察使司的官吏李或、赵全德等人，伙同郭桓等人贪污舞弊，吞盗官粮。朱元璋抓住线索，命令司法部门依法严加追查。这个案子后来又牵连到礼部尚书赵瑁、刑部尚书王惠迪、兵部侍郎王杰、工部侍郎麦志德等高级官员和许多布政使司的官员。贪污盗窃的钱折成粮食达 2400 多万石。案件查清后，朱元璋下令将赵瑁、王惠迪等人弃尸街头；郭桓等六部侍郎及各地方布政使司以下的官员有上万人被处死；有牵连的官吏几万人被逮捕入狱，严加治罪。各地卷入这个案件的下级官吏、富豪，被抄家处死的不计其数。

由于朱元璋出身贫苦农家，不仅深深体谅农民生活的艰辛、物力的艰难，而且他还身体力行，带头倡导节俭。明朝建立后，按计划要在南京营建宫室。负责工程的人将图样送给他审定，他当即把雕琢考究的部分全去掉了。工程竣工后，他叫人在墙壁上画了许多怵目惊心的历史故事做装饰，让自己时刻不忘历史教训。有个官员想用好看的石头铺设宫殿地面，被他当场狠狠地训了一顿。朱元璋用的车舆器具服用等物，按惯例该用金饰的，但他下令以铜代替。主管这事的官员说，这用不了多少金子，朱元璋说，“朕富有四海，岂吝惜这点黄金。但是，所谓俭约，非身先之，何以率天下？而且奢侈的开始，都是由小到大的。”他睡的御床与中产人家的睡床没有多大区别，每天早膳，只有蔬菜就餐。

在朱元璋的影响下，宫中的后妃也十分注意节俭。她们从不乔装打扮，穿的衣裳也是洗过几次的。一个散骑舍人穿了件十分华丽的新衣服，朱元璋问他：“这衣服用了多少钱？”舍人回道：“五百贯。”朱元璋痛心地说：“五百贯是数口之家的农夫一年的费用，而你却用来做一件衣服。如此骄奢，实在是太糟蹋东西了。”

朱元璋不喜欢喝酒，他多次发布限制酿酒的命令。他不爱奢华，讲究实际。他命令太监在皇宫墙边种菜，不要建造楼台亭阁。为了让儿子们得到锻炼，他命令太监织造麻鞋、竹签自用，规定诸皇子出城稍远，要骑马十分之七，步行十分之三。

由于他出身贫寒，从小没有读书的机会，从军后，到称帝晚年一直保持勤奋好学的作风。作战之余，理政之后，他常常请儒生讲述经史。经过几十年的刻苦自学，他不但能写手杂札、军令，还能写诗作赋。

【解读】

明朝建立前夕，朱元璋便召集文武百官商讨治国安邦的大事，并把勤政廉政、禁奢倡俭作为头等大事来抓，他“言必行，行必果”严惩污吏、不循私情的作风起到了极大的威慑作用。他率先垂范、注重节俭，衣食住行十分简陋，自己乘坐的御车也以弃金镀铜代替。

由此我们联想到美国巨富比尔·盖茨，他近年来平均每年都要捐献数十亿美元用于慈善事业，而他外出乘飞机却坚持坐二等舱，他的理由很简单：“既然头等舱同二等舱都在同一时间到达目的地，我何必要坐头等舱多花冤枉钱。”可见，节俭廉政既是治家之本，也是安邦之策。

清正节俭的于成龙

【名言】

俭节则昌，淫佚则亡。

——墨子

【故事】

于成龙，字北溟，号于山，山西永宁州（今山西商县）人，自清朝顺治十八年（1661 年）起，历任知县、知府、按察使、布政使、巡抚、总督等职。为官 30 多年，为政清廉，勤劳务实，生活俭朴，拒贿倡俭，被誉为“天下第一廉吏”。

于成龙走上仕途之路的第一任职是罗城（今广西北部）知县。当时的罗城属柳州府，地处偏僻，野草遍地。瘴烟疠雨，民情慓悍，经济凋敝。尽管条件如此恶劣，但他毫不畏惧，说服了家人和亲朋好友，带上自己变卖家产的盘缠，毅然奔向罗城，决心改变那里的面貌。虽然于成龙对罗城的恶劣环境和人民的困苦情况早有思想准备，可是实际情况比传说和预料的还要严重得多。经过 20 多年的战乱后，罗城经济萧条，民心不安，百姓贫困不堪，有的铤而走险，沦为“盗贼”，地方百姓与地主成为世代冤家，相互仇杀，人口骤减。当时，罗城县城只有六家居民，数间草屋，县衙门没有门垣，院中长满荒草，三间草屋破烂不堪。于成龙暨土为案，铺草为床，置土灶一副，办公休息均在草屋之中。就是在这样的条件下，他不辞辛劳，攀山越岭，调查研究，访贫问苦，悉听百姓的心声，制定改变罗城面貌的计划。他在任罗城县令的七年时间里，奖励耕织，兴修水利，轻徭薄赋，发展生产，使罗城的面貌得到很大改变，受到人民的衷心拥戴。当他离任时罗城百姓纷纷赶来，遮道呼号，追送百里。

于成龙为官30年，清操苦节、竭忠尽力、倡廉禁贪、自奉俭约，不仅深受百姓的拥戴，而且赢得朝野的敬仰。送礼受贿，在封建社会官场，是一种司空见惯的腐败现象，而于成龙对此深恶痛绝，在他任罗城知县时，曾有人几个小伙子出于对他的关心，持钱奉献，让他作生活费用，但他拒绝接受。一次他的夫人来罗城探亲，百姓得知后，纷纷前来送钱赠物，让夫人带回家，以表他们一片心意。于成龙感激之余，婉言谢绝说："这里远离我的家乡，夫人只身一人携带这么多财物，一来行走不便，二来容易为盗贼所害，大家再三劝说，他始终未收分文。

于成龙任福建布政使时，主管钱赋，经他手的钱何止千万，他却一尘不染，两袖清风。为勉励自己，告诫部下，他书写了一副对联悬于堂上。

上联是：累万盈本，尽是朝廷正赋。倘有侵凌，谁替你披枷带锁？

下联是：一丝半粒，无非百姓脂膏。不加珍惜，怎晓得男盗女娼？

福建的漳州、泉州当时是重要的对外贸易港口，外国商人为了谋取贸易交往中的好处，经常把一些贵重物品赠送给布政使，于成龙认为身为大清官吏，接受外商馈赠，不仅辱及人格，而且有损国格。每当有人来赠送时，他一律斥之不受，外商感慨地说："天朝洪福，有如此清官，我等周游列国，从未见过，真是难得呀！"在封建社会里，各级官吏为得到庇护或升迁，往往利用上司生日寿辰、儿女婚嫁等机会大肆行贿送礼，为了摒弃这一陈规陋习，禁绝馈赠受贿，于成龙升任直隶巡抚之初，就申明不受一切馈赠。

清康熙二十年（1681年），于成龙政绩传遍京师，康熙在京召见他，称他为"清官第一"。就在这年冬天，他升任为江南、江西总督。总督，这是明清时代显要高级的地方官，权势极大，在清朝做官能做到巡抚、总督这一级大多是久经宦海沉浮的人，这些人一般都明白，自己官已到头该想想后路了。于成龙与此迥然不同，他在两江总督任上，仍保持着勤劳务实的作风，一改过去官场那种污浊风气。总督属于封疆大吏，上任时要有全副仪仗，前有执事喝道，后有兵丁护卫，所经之处，官绅恭候迎送。于成龙却与众不同，当去江宁上任时，他与小儿子雇了一辆驴车，袖钱数十文，沿途住宿不投公馆，边走边访贫问苦。两江总督府的官吏按惯例置仪仗，文官武将在城门上恭迎，等候了大半天仍不见人到，众人正在焦急之时，忽报新任总督早已单车轻装入街。

于成龙一生勤劳节俭，终年布衣素食，甚至不如老百姓，但他处理政务却尽心竭力，经常通宵达旦。为官期间，从来没有携带家属到任所，直到年龄高达65岁时，才不得不带小儿子在身边照顾自己。于成龙被任为福建按察使时，临走前，他让人买了数百斤萝卜放在船上，大家都不明白他的意思，问："买这么多萝卜有什么用?"于成龙回答说："路上当菜，全靠它了!"任两江总督之初，适逢当年遭灾，于成龙十分惦念灾民，将俸禄赈济老弱病残者，而自己却粗茶淡饭，每当青黄不接时，还以糠菜当食充饥。

康熙三十八年（1699年），68岁的于成龙病逝于两江总督任上，因为他的家属不在身边，他的丧事最初全由部属操办。将军督统进入他的居室，见这位总督大人遗物少得可怜，床头有旧藤箱一个，内有替换的旧衣一套，旧靴子一双，罐中粗米几斛，食盐数斤，此外就是一些书籍。于成龙逝去的消息传出，江宁城中市民停业，痛哭流涕，许多人家把于成龙的画像挂在家中祭祀。出殡那天，各界数万人，步行20多里，哭声震天。

第二年十一月，康熙南巡，沿途考查官吏政绩。众百姓一致称赞于成龙，康熙感慨地对随行人员说："朕博采舆论，都称于成龙为'天下第一廉吏'。他不愧为百姓的父母官、朕的股肱之臣。"

【解读】

中国人素来喜欢以"清官"和"贪官"来区别官吏之好坏，于是，在漫长的中国封建历史中，为后人留下了不少爱民、亲民、为民的"清官"和贪赃枉法、敛财害民的污吏形象。而在这众多的"清官"中，于成龙无愧为"天下第一廉吏"的荣誉称号。

于成龙勤政廉政，事迹颇多，然而，最难能可贵的是他始终都能言行一致，以身作则，视百姓为衣食父母，将廉政节俭贯穿于自己的一生，体现了一个清政廉洁、亲民爱民官员的高风亮节，其一言一行背后所展示的精神境界令人信服。

康熙倡廉肃贪

【名言】

俭，德之共也；侈，恶之大也。

——左丘明

【故事】

清代初期，官场上一时盛行送礼受贿之风，这股风越刮越严重，普天下老百姓怨声载道，人人憎恨。刚刚登基不久的康熙皇帝，为了保持和巩固大清王朝的统治，安定民心，下决心要刹一刹这股不正之风。

有一天，一位大臣双手捧着一块极为稀有而昂贵的“如意宝玉”，要献给康熙，以表忠心。康熙见了非常气愤，当即怒斥道：“我看这块“如意宝玉”，很不“如意”，拿回去吧！”那位大臣只好狼狈退下。

过去皇帝寿辰，送宝献礼者络绎不绝，而康熙五十大寿前夕，一改旧规陋习，坚决禁止献礼。他告诫群臣：“如果你们按照规矩进献，别的督抚官员一定会跟着学。我素来喜欢文学，你们送点诗文，倒可以留下来看看。”

又有一次，一位官员应诏入宫，他准备了许多珠宝、玉器要送给君王。康熙得知后，立即下令要那位官员将珠宝、玉器一律弃之途中，不准带入京城。他经常教导群臣说：“治天下以惩贪奖廉为要。”以当时江南提督伍新命为首的一些官员，在南京鼓楼顶上，立下一块“戒牌”，刻上了康熙的这句名言，以此约束群臣。

康熙反对行贿受贿，力主倡廉肃贪，决心大、力度大、范围大，故取得了显著的成效，他处处以身作则，上行下效，文武百官大多数也慑于法纪，一时清正廉洁蔚然成风。因此，老百姓安定搞生产，生活也有了保障。由于康熙积极采取了这些治国安邦之举，后来就出现了大清帝国长达数十年国泰民安的“康熙之治”。

【解读】

康熙帝贵为天子，拥四海之财，管万姓之民。按理说，权力他最大，钱财他最多。但他喜欢的却是文学史书，而尤为反对的是行贿受贿、贪污腐败。这足以说明他对研究历代王朝兴盛的原因很感兴趣，对大清帝国政权的巩固极为重视。

康熙帝的反腐力度在一定程度上抑制了宫廷的腐败堕落，避免了许多劳民伤财问题的发生，对于遏制和改良不良社会风气也起到了积极的作用。可见，反腐肃贪、倡导节俭，不仅是为了改变朝廷中奢侈腐败的风气，同时也是为了减轻人民的负担，是安邦治国、稳定社会的重大举措。

廉政节俭的雍正皇帝

【名言】

禁奢崇俭，美政也。

——魏源

【故事】

雍正认为，一个人只有为官清廉，才能主持公正。为此，雍正帝告诫官员：“以循良为楷模，以贪墨为鉴戒……操清廉乃居官之大本。故凡居官者，必当端其操守以为根本，乃可以为良吏。”

雍正帝对于清廉刚正的官员很爱惜。浙江总督李卫以严猛廉洁著称，雍正帝曾赐他御书“公勤廉干”匾额一方。李卫不苟同于官场积习，无所瞻顾，不徇私情，不避权贵，得罪了不少大员，这些人串通告状。雍正帝心中有数，指出：李卫粗率狂纵，人所共知，但他却是刚正之人，“朕取其操守廉洁，勇于任事。以挽回瞻顾因循，视国政为膜外之颓风耳！”

雍正帝虽然很重用清官，但他对清官也会作具体分析。他说：当官的若不干事或者干不好事，人品再好，也不过是个木偶，起不到治世安民的作用。直隶吴桥知县常三乐，廉洁安分，也没有什么过错，但是他胆小软弱，以致地方好多事久拖不决，工作难有起色。直隶巡抚李维钧要上调常三乐的县令职位，吏部却认为常三乐没有什么功绩而不予批准。雍正帝知道这件事后，毫不含糊地指出：常三乐当官软弱，实属失职，应当免去官职。由此可见，雍正帝不仅要求官员们清廉刚正，而且要有真实的才干。为了造就一支高效的官吏队伍，雍正帝还命令文武百官荐举人才。

雍正帝要求官吏必须为官清廉，但同时也反对某些官员借清廉之名而沽名钓誉。为此，他指出：“取所当取不伤乎廉，用所当用不涉乎滥。固不可竣削以困民，亦不必矫激以沽誉。”

这就是说：做官的取自己应当取的钱财不能算作不廉，用自己应用当用的钱物不能算是滥用。所以，既不要剥削老百姓，也不要伪饰清廉而沽名钓誉。为了有效地推行廉政，雍正帝以身作则，以实际行动号召群臣提倡节俭。

雍正帝素喜清淡，“御膳”常常是烧豆筋、炒豆芽等几个简单的素菜，外加一碗糙米饭。掉一个饭粒都要捡起来吃掉，未动的菜则回锅热热下顿再吃。连侍卫都感叹皇帝太寒碜，雍正帝则淡淡一笑：“朕富有四海贵为天子，何物不可求？何膳不可进？由俭入奢易，由奢返俭难啊！”雍正帝从未去过承德避暑山庄，也没到江南做过巡幸活动。就算他不得不去拜谒祖陵时，都不同意在沿途安放过多的临时设施，稍有花销，就认为是过奢之举。

此外，他对群臣进献的稀世珍宝也大不以为然，反倒认为：“行一利民之政，胜于献稀世之珍也；荐一可用之才，胜于贡连城之宝也。”

雍正帝明确指出：“世人无不以奢为耻，以勤俭为美德，若诸臣以奢为尚，又何以训民俭乎？”即：世人都反对骄奢淫逸，都把勤俭当作美德。假如群臣反过来都以奢侈为时尚，那又怎么去教导百姓们提倡节俭呢？

应当说，雍正帝的确是一位胆识皆备、办事雷厉风行的皇帝。他有令必行，有禁必止。他在位十三年，励精图治，在施政的各个方面实行了独具特色的改革，并取得了一定的成效。尤其是他坚决打击贪污腐败行为，力倡廉政，整饬吏治等举措，在一定程度上革除了康熙王朝后期遗留下的虚诈不实的官场弊端，为“雍正改元，政治一新”打响了第一炮，为乾隆初期的发展奠定了良好的基础。

雍正二年（1724 年），他谕令膳房：“凡粥饭及肴馔等类食毕，有余者切不可抛弃沟渠。或与服役下人食之，人不可食者则哺猫犬，再不可用者则晒干以饲禽鸟，断不可抛弃。朕派人稽查，如仍不悛改，必治以罪。”数年之后，他得知膳房沟水内仍有倒掉的饭食，又训诫膳房太监说：“膳房沟水内抛弃饭粒甚多。从前不时晓谕，尔等并不严饬所管人役。如朕再行查出，必不轻恕尔等，不单罚尔等之俸、革膳房人等钱粮而已。慎之！慎之！”

在这里，雍正帝为节约粮食可谓费尽心思，从人食、猫食到鸟食，交代得清清楚楚。至高无上的封建皇帝，专门为剩粥剩饭的处理下一道特谕，在中国几千年的历史上大概也绝无仅有。

雍正五年（1727 年）三月，他颁布长篇特谕，说：“夫米谷为养命之宝，既赖之以生，则当加以爱惜，而不可存轻弃之心。且资之者众，尤当随时撙节，而不可纵口腹之欲。每人能省一勺，在我不觉其少，而积少成多，便可多养数人。若人人如此，则所积岂不更多，所养岂不更众乎？”

他还告诫百姓：“米谷乃上天所赐以生养万民者，朕为天下主，惟有敬谨宝重，仰冀天心默佑，雨畸时若，岁获有秋，俾小民家有盖藏，人歌乐土。朕既为万民计，不敢轻忽天贶，尔等绅衿百姓，独不为一身一家之计乎？朝夕生养需用，既受上天之赐，若果加以爱惜，随时撙节，则上天必频频赐赉，长享盈宁之福；若恣情纵欲，暴殄天物，则必上干天怒，不蒙赐赉，而水旱灾祲之事不免。其理岂或爽哉！”

【解读】

雍正对朝政的管理，可谓事无巨细、事必亲躬。对自己的言谈举止、衣食住行更是非常谨慎；他处处以“常怀爱民之心，多行益民之举”为准则。这些思想内容在他所制定的家规国法中得到了充分的体现。

勤俭节约，是每个时代所必需的，也是每个时代百姓所期盼的。勤俭节约的原则要求我们：在学习工作上，要勤奋刻苦、诚恳朴实，摒弃世俗的浮夸和虚伪；在生活标准上，要节俭朴素，不能挥金如土、铺张浪费；在穿着打扮上，要庄重大方，符合中华民族的审美观；在未来的事业上，要开拓进取、不断创新，以实现自己高品位、高质量的美好人生！

传家之宝

【名言】

奢者富不足，俭者贫有余；奢者心常贫，俭者心常富。

——慎子

【故事】

清代中叶，大东山麓有个村子叫刘家冲，刘家冲有户殷实人家。这户殷实人家父慈子孝，和睦相处，俭朴过日。家主刘碌“勤俭”治家，虽无大富大贵，倒也家道中兴，一家人过着美满、幸福的生活。

有道是“人无千日好，花无百日红”。刚入冬，一向无病无灾的刘碌突然一病不起，且病情越来越严重，到了无药可救的地步。临终前，刘碌对两个儿子说：“你们兄弟俩把家产分了，你妈死得早，没有太多的家产。最值钱的是正厅里挂着的‘勤俭’二字，它是我们家的家训，也是我们家的传家宝，兄弟俩一人拿一字，只要你们照着去做，以后的日子就会衣食无忧。”说完，刘禄就咽了气。

兄弟俩见父亲归天，号啕大哭，不胜悲痛。等办完丧事后，兄弟俩人按照父亲的遗愿，把家分了。老大分得一个“勤”字，老二分得一个“俭”字。此后，他们就各人过各人的日子。

老大按“勤”字的标准来做，每天起早摸黑地辛勤劳动，长年累月地干活，家底越来越丰厚，生活越来越富裕了，可是他不懂节俭，常常大手大脚地花钱，大鱼大肉地吃喝。每逢过年过节更是浪费得不得了，有时吃剩的肉菜倒满了两个水桶。有一年过端午节，老大买了十多斤猪肉，五六只鸡，七八斤鱼，三四斤牛肉，两瓶酒。结果吃不完，天气又热，肉菜馊了，只好倒在水沟里，浪费得让人心疼。俗话说：“大吃如小赌”，再富裕的家庭也经不起他这么折腾，何况他的钱财是靠汗水和劳动辛勤挣来的。尽管老大再勤劳，一年下来也没有攒下多少财富。年复一年，他的日子还是过得紧巴巴的。“我是按家训‘勤’来做事的，怎么就是富裕不起来呢?”他百思不得其解。

老二按照“俭”字的标准来生活，每天省吃俭用，俭朴持家。可是干活出勤不出力，“三天打鱼两天晒网”，早上睡到八九点才起床。有时候白天也在家里睡懒觉，地里的草长得比菜多，田里的稗子草长得比禾苗高。他过着干活懒、吃饭悭的生活。有一年，黄烟很值钱，村里人全都抢着种黄烟，老二也种了不少。到收烟叶的时候，老二只收了一些上好的烟叶就算了，乡亲们劝他勤劳一些，把烟叶全收回来。要知道，再次等的烟叶也能卖三四块钱一斤。谁知道老二却说：“六月天这么热，外面的太阳像火一样。我情愿少吃一点，也不想太累。谁要谁去收好了。”听了老二的话，有人把他地里剩下的烟叶捡回来，晒干卖了，竟得了两三千块。老二知道了，却一点不心疼，还说：“劳累不如少吃苦，别人发财不眼红。”一年又一年过去了，尽管老二省吃俭用地过日子，甚至一分钱掰开两半用，可是，他的家里还是没有富裕起来。“我是够节省的了，为何还这么穷呢?”他很困惑，想不出个究竟来。

兄弟俩对家训产生了怀疑，他们心想：我是按照传家宝说的来做的，怎么就是不富裕呢？是不是家训骗人的呢？

老大从正厅摘下红木做的“勤”字，气愤地扔出门去。老二也摘下红木做的“俭”字抛出门外。两块木板并在一起，合成“勤俭”。兄弟俩一起连念了几遍：“勤俭，勤俭……”

突然，兄弟俩茅塞顿开，终于悟出了家训的真谛了：“勤俭，即是勤劳、俭朴，既要勤又要俭。”他们又重新把家训捡回来，挂在正厅上。

从此以后，兄弟俩既勤劳干活又节俭生活。不出几年，他们都攒下了殷实的家业，过上了红红火火、美好幸福的生活。

【解读】

勤俭作为公民道德的基本规范，它本身包含两个方面的内容：“勤”即勤劳、勤奋、勤勉；“俭”就是俭朴、俭约、俭洁；其两个方面缺一不可，相辅相成。

努力工作固然能增加收入，但还要懂得当用则用，当省则省，计划开支，量入为出，这样才能积储财富。省吃俭用虽然能节省开支，但离开了勤奋工作，艰苦奋斗，足不出户，坐吃山空，那样总有弹尽粮绝的那一天。

新时代赋予勤俭以新的涵义，那便是富而思进，合理消费，努力有为，奋斗不止。

曾国藩信守俭朴家风

【名言】

金玉非宝，节俭乃宝。

——朱元璋

【故事】

曾国藩（1811—1872年），字伯涵，号涤生，清湘乡县荷叶塘（今双峰荷叶乡）人，道光进士，湘军首领，曾以大学士任两江总督，官至礼部侍郎。为人以公忠、诚朴著称。对国人之事有一套独到的见解，善决断，居官治军都颇有建树，为晚清的“中兴”立下了汗马功劳。

有学者评价曾国藩学重义理、文词考究、卓绝一代、为世所宗，他著有《曾文正公全集》。章太炎认为：“曾国藩者，誉之则为圣相，谳之则为元凶。”

这位封建官吏，位高权重，集文治武功于一身，但真正令人称道的却是其节俭自守，崇尚寒素的家风。他的曾祖父制定过八字治家信条，其中“蔬、猪、鱼”三字，就是要求曾家子孙治家要勤俭、自立。曾国藩对此信守不渝。

相传，曾国藩做官30年，日常衣着始终布衣布袜。30岁时制买的一件青绒马褂，只有遇到过节和庆典时才穿，60岁时“衣犹如新”。每日吃饭，也很简单，以一荤为主，有客略有增加，被时人称为“一品宰相”。

曾国藩治家极严。他亲自为妻子、儿女、儿媳制定了尚俭科目，男耕女织，生活俭朴，几十年不因为自己的升迁而有所改变。

曾国藩任总督、三弟任巡抚后，门第更加荣耀。加上子孙增多，故居旧宅简陋窄小，不够用。曾国藩的九弟擅自花3000串钱建了一处新房舍。曾国藩听后大怒，驰书斥责道：“新屋搬进容易，搬出难，吾此生誓不住新屋。”事后果真信言，病故时仍然住在两江总督旧宅。

曾国藩在给长子的一封信中曾写道：“勤俭自持，习劳习苦，可以处乐，可以处约，此君子也。余服官三十年，不敢稍染官宦气息，饮食起居，尚守寒素家风，极俭可也，略丰亦可，大丰余不敢也。凡仕宦之家，由俭入奢易，由奢返俭难。尔年尚幼，切不可贪爱奢华，不可习惯懒惰，不论大家小家，仕农工商，俭苦守约，未有不兴，骄奢倦怠，未有不败。”

【解读】

纵观历史，大到邦国，小到家庭，无不是兴于勤俭，亡于奢靡。勤俭节俭就会昌盛，淫佚享乐就会败亡。节俭，是善行中的大德；奢侈，是邪恶中的大恶。曾国藩严格履行祖父的家训，并严格管教自己的子女，这一点是值得我们借鉴和学习的。

翻开灿烂的中华文明史，以勤俭治国、勤俭持家的典范不胜枚举。我们今天谈论勤俭节约这个话题，并不是要简单地模仿作秀，而是要在加强制度建设的同时，能够以史为镜，在继承勤俭节约优良传统的基础上超越古人，并在新的时代里发扬光大中华民族之文明精华。

自古民强多志学

社会在发展，时代在前进，生命的意义在于不断学习，勇于进取。那么一个民族、一个国家乃至人类社会也是如此，国家只有团结并领导各民族人民勇于进取，才会使这个国家逐步走向富强。可以说，立壮志，善于学习，积极进取是实现民族富强梦的必要路径。

男儿志在四方

【名言】

士不可以不弘毅，任重而道远。

——《论语》

【故事】

春秋时代，晋国公子重耳被继母骊姬陷害，受到父亲晋献公的怪罪，被逼逃到翟国去避难。因为他为人贤德又有才干，声望很高，所以晋国的赵衰、狐偃、孤毛、胥臣、狐射姑、先轸、颠颉、介子推等一些知名人士，都追随他去了翟国。

重耳在翟国一住就是 12 年。这期间晋国发生大乱，晋献公死后，以里克为首的大臣们，发动政变，杀死了骊姬的独生子奚齐和公子卓子，清除了骊姬和她的党羽。大臣们公议，派人迎接重耳回国做国君。重耳考虑到自己这样回去，就等于承认在幕后操纵：趁父亲丧葬时策划叛乱和主使人杀死两个异母弟弟，因而坚决拒绝。大臣们没法子，后来只好接了他的异母弟公子夷吾回去做国君，也就是晋惠公。晋惠公猜忌他会回来抢夺君位，派出刺客到翟国去行刺重耳。重耳事先得到消息，被迫匆匆离开翟国，再次开始流亡的生活。

重耳和他的随员到了卫国，卫文公不理睬他们。他们在路上没有吃的，曾经向耕田的农民乞食，受到农民的嘲弄。

后来他们到了齐国。齐桓公很尊敬重耳，把自己的宗女齐姜嫁给他，还送他非常丰厚的嫁妆，各方面都给予优厚的待遇，光是驾车的马就有 80 匹。从此，重耳就在齐国舒舒服服地住下来，再也不想走了。他的随从赵衰、狐偃等人却不满意重耳过这样安逸的生活而丧失志向。

不久，齐桓公死了，齐孝公做了国君。赵衰、狐偃等人觉得齐孝公没有什么作为，不可能帮助他们复国，他们必须很快离开齐国，但是重耳却不打算离开。

一天，赵衰、狐偃等人偷偷在桑园商议，准备设法叫重耳出走。不料姜氏的一个养蚕的女仆，正在桑园里采桑叶，听到了他们的谈话。于是她马上把这个秘密报告了重耳的夫人姜氏。姜氏怕她把事情张扬出去，就叫人把她杀死了，然后对重耳说："我知道您有远大的志向，您为了实现自己的抱负，不惜走遍天涯海角，你放心去吧，听到你们秘密的那个女仆，我已经把她杀掉灭口了。"重耳惊讶地说："没有这回事，我并没有打算离开你。"姜氏劝他说："你走吧，一味迷恋妻子，贪图安逸的生活，会妨害您的前途。"

重耳还是坚持不走。姜氏就和狐偃想出了一个计策。他们用酒把重耳灌醉，趁他昏迷熟睡的时候，把他抬上车，立即离开齐国而去。等他醒来，早已赶过好多路程了。重耳虽然对狐偃等人的做法非常不满，但也无可奈何。

后来，重耳又到过曹国、宋国、郑国、楚国和秦国，最后终于回到晋国当上了国君，他就是历史上著名的"春秋五霸"之一的晋文公。

【解读】

重耳在外逃亡多年，受到很多不公平的待遇，但是他遇到了一个好妻子姜氏和几个随从。后来人们把姜氏的话引申为"志在四方"，用来说明一个人不贪恋安逸，胸怀大志，目光远大。这个故事告诉我们：人生就需要有志向，如果没有志向就如同行尸走肉，没有意义。所以，人们都要树立目标，志存高远。

伍子胥为父兄报仇

【名言】

有志者事竟成。

——刘秀

【故事】

伍员，字子胥，是楚大夫伍奢次子。伍奢有一个政敌叫费无极，他非常嫉妒伍奢，于是就找机会治伍奢于死地。

楚平王七年（公元前522年），楚平王听信费无极的谗言，把伍奢抓了起来。费无极又说："伍奢的儿子很有才能，如果他们到了吴国，必定会使楚国担忧，为什么不以赦免他们父亲的名义召他们回来呢？他们很仁义，一定会回来。要不然，他们就会成为祸患。"

楚平王派人去召他们回来，说："只要回来，我就赦免你们的父亲。"

伍奢的儿子伍尚对他弟弟伍员说："你到吴国去，我准备回去送死。我的才智比不上你，我能为父亲而死，你能为父亲报仇。听到可以赦免父亲的命令，不能不赶快回去；亲人被杀戮，不能没有人报仇。赴死而使父亲得到赦免，这是孝顺；掂量成功的可能性而行动，这是仁义；选择重任而前往，这是明智；明知必死而不躲避，这是勇气。父亲不可以抛弃，名誉不可以毁掉，你努力而为吧！这样总比两个人跟在一起好。"

伍尚回去了。伍奢听说伍员没有回来说："楚国君王和大夫恐怕不能按时吃饭了！"楚平王把伍奢和伍尚都杀了。后来，伍子胥逃到了吴国，投入公子光（即阖闾）门下，帮助阖闾刺杀吴王僚，夺取王位，并使吴国强大起来。公元前506年，伍子胥、孙武率军攻打楚国，五战五胜，破楚国的郢都。以功封于申，故又称申胥。至此，伍子胥才真正为父兄报了仇。

吴王夫差时，他因劝国君拒绝越国求和并停止伐齐，因而被疏远，后来又被赐剑自杀，投尸江中。

【解读】

俗话说："君子报仇十年不晚。"伍子胥的父兄都被楚平王杀害，他只好离开楚国，寻找报仇的机会。经过十几年的努力，他终于发动了吴楚战争，一直打到楚国的郢都。尽管这是伍子胥报仇的故事，但是也充分体现了他的个人志向，而且最后取得了成功。所以说，有志者事竟成。

勾践卧薪尝胆

【名言】

古之立大事者，不唯有超世之才，亦必有坚忍不拔之志。

——苏轼

【故事】

吴王阖闾打败楚国，成了南方霸主。吴国和越国素来不和。公元前496年，吴王阖闾率军攻打越国，吴越两国在槜李（今浙江嘉兴西南），发生了一场战争。吴王阖闾不但打了败仗，而且自己也中箭受了重伤，加上年事已高，回到吴国就咽气了。阖闾临死时对儿子夫差说：“不要忘记报仇。”

夫差后来即位，他不忘父亲的嘱咐，还叫人经常提醒他。他经过宫门时，手下人就扯开嗓子喊：“夫差！你忘了越王杀你父亲的仇吗?”吴王夫差流着眼泪说：“不，不敢忘。”

吴王夫差叫伍子胥和另一个大臣伯嚭操练兵马，准备攻打越国。过了两年，吴王夫差亲自率领大军攻打越国。越国有两个很能干的大夫，一个叫文仲，一个叫范蠡。范蠡劝说勾践道：“吴国练兵快三年了。这次决心报仇，来势凶猛。咱们不如守住城，不要跟他们作战。”勾践不同意，于是发兵和吴国人拼个你死我活。最后越军大败。越王勾践带了五千个残兵败将逃到会稽，结果被吴军围困起来。勾践一点办法都没有了。他跟范蠡说：“懊悔没有听你的话，落到这步田地。现在该怎么办呢?”范蠡说：“咱们去求和吧。”勾践派文仲去求和。文仲到了吴王营里，在吴王夫差面前把勾践愿意投降的意思说了一遍。吴王夫差想同意，但是遭到伍子胥的反对。文仲听说吴国的伯嚭是个贪财好色的小人，就私下送给伯嚭一批美女和珍宝，请伯嚭在夫差面前说些好话。经过伯嚭在夫差面前一番劝说，吴王夫差不顾伍子胥的反对，答应了越国的请求，但是勾践要亲自到吴国去。

文仲回去向勾践报告了。勾践把国家大事托付给文仲，自己带着夫人和范蠡到了吴国，夫差让他们夫妇俩住在阖闾的大坟旁边一间石屋里，叫勾践给他喂马。范蠡跟着做奴仆的工作。夫差每次坐车出去，勾践就给他牵马；他生病时，勾践还好好照顾。两年后，夫差认为勾践真心归顺了，就答应放勾践回国。

勾践回到越国后，立志报仇雪耻。他唯恐眼前的安逸消磨了志气，在吃饭的地方挂上一个苦胆，每逢吃饭的时候，就先尝一尝苦味，还把席子撤去，用柴草当作褥子。这就是“卧薪尝胆”。

勾践决定要使越国富强起来，他亲自参加耕种，叫他的夫人自己织布，来鼓励生产。因为越国遭到亡国的灾难，人口大大减少，他订出奖励生育的制度。他叫文仲管理国家大事，叫范蠡训练人马，自己虚心听从别人的意见，救济贫苦的百姓。经过十几年的奋斗，越国终于强大起来。

公元前 482 年，勾践趁吴王夫差与诸侯会盟之机，率军偷袭吴国，大败吴军，并俘吴太子友。公元前 473 年，勾践最后灭掉了吴国，夫差自杀。从此，越国成为江淮一带的强国，越王勾践也成为历史上的霸主。

【解读】

“勾践卧薪尝胆”是历史上有名的励志故事。越王勾践为了洗刷自己受到的耻辱，十几年卧薪尝胆，招兵买马，发展生产，积蓄力量，最后终于报仇雪恨。这个故事告诉我们：每个人都要有所追求，并为了自己的志向刻苦自励、奋发向上，不能有丝毫的懈怠。

赵武灵王胡服骑射

【名言】

志小则易足，易足则无由进。

——张载

【故事】

赵国的国君武灵王，目光远大，很有魄力，想方设法要把国家改革一番。

有一天，赵武灵王对臣子楼缓说：“咱们东边有齐国、中山，北边有燕国、东胡，西边有秦国、韩国和楼烦（古部落名）。我们如果不奋发图强，随时会被他们消灭的。我觉得我们要好好进行一番改革，我们穿的服装，长袍大褂，干活打仗都不方便，不如胡人的短衣窄袖，脚上穿皮靴，灵活得多。我打算仿照胡人的风俗，把服装改一改，你们看怎么样？”

楼缓非常赞成，说：“我们不但可以仿照胡人的穿着，也可以学习他们打仗的本领啊！”

赵武灵王说：“说得好！我们打仗全靠步兵，或者用马拉车，但是不会骑马作战。我打算学胡人的穿着，就是想像胡人那样骑马射箭，和敌人交战。”

这个议论传开以后，就有不少大臣反对。赵武灵王很想马上实施，但是大臣们反对的多，赞成的少。

有一天，赵武灵王专门找来一个大臣肥义商量：“用胡服骑射来改革国家的风俗，你觉得应该怎么办？”肥义说：“要办大事就要果断行事，犹豫肯定办不成大事。大王既然认为这样做对国家有利，何必怕大家讥笑呢？”

赵武灵王听了很高兴。第二天上朝的时候，赵武灵王首先穿着胡人的服装出来。大臣们见到他穿着短衣窄袖，都吓了一跳。赵武灵王把改胡服的事向大家正式讲了，可是大臣们总觉得这件事太丢脸，不愿这样办。赵武灵王有个叔叔公子成，是一个很有影响的老臣，但是他非常顽固，听说赵武灵王要改服装，就干脆装病不上朝。

赵武灵王下了决心，非实行改革不可。他知道要推行这个新办法，首先要疏通叔叔的思想，于是就亲自上门找公子成，和他反复地讲穿胡服、学骑射的好处。公子成终于被说服了。赵武灵王立即赏给公子成一套胡服。

第二天，大臣们一见公子成也穿起了胡服，没有话说，只好跟着改了。于是，赵武灵王就正式下了命令。没过多少天，赵国人不分贫富贵贱，都穿起胡服来了。后来，赵武灵王又号令大家学习骑马。不到一年，赵国就训练了一支强大的骑兵队伍。公元前305年，赵武灵王亲自率领骑兵打败临近的中山，又收服了东胡和临近几个部落。到了实行胡服骑射的第七年，中山、楼烦都被收服了，还扩大了好多土地。赵武灵王就打算同秦国比个高低。

赵武灵王经常带兵在外打仗，把国内的事交给儿子管。公元前299年，他正式传位给儿子，称为赵惠文王。赵武灵王自己改称主父（国君的父亲）。

赵主父为了要打败秦国，决心亲自到秦国去考察地形，并且观察一下秦昭襄王的为人。他打扮成赵国的一名使臣，带着几个手下，来到秦国咸阳。他以使臣的身份拜见秦昭襄王，还向他报告了赵武灵王传位的事情。

秦昭襄王接见了赵主父以后，觉得他举止大方威严，不像个普通人，于是派人去请他，发现他已经不告而别了。经过仔细查问，秦昭襄王才知道他接见的原来是有名的赵主父。秦昭襄王大吃一惊，立刻叫大将白起带领精兵，连夜追到函谷关，可是已经晚了。

【解读】

赵武灵王为了国家的强盛，力主改革，主动向胡人学习，穿胡服学骑马。但是古时候都以中原为主，没有向胡人学习的，要改变人们的观念是何等的困难啊，在楚国官吏中引发了一场不小的争论。楚灵王先把有威信的叔叔公子成说服了，其他官吏也就没什么好说的了，最后这一政策终于得以实施。后来楚国强大起来，成为与秦国相抗衡的国家。所以说，有志向很好，但在实施时也要注意方法。

朱买臣负薪立志

【名言】

穷且益坚，不坠青云之志。

——王勃

【故事】

朱买臣，汉武帝时会稽（今属浙江）人，年幼失去父母，孤苦伶仃。40多岁的时候，朱买臣还很穷，夫妻二人靠卖柴为生。

朱买臣有个“毛病”让他妻子特别生气，那就是喜欢读书，背着柴在大街上大声诵读。读书是闲人的事，忙人读书那就是懒。读书又是有钱人的事，穷人读书那就是摆不正自己的位置。所以后果很严重，妻子要和他离婚。朱买臣当然不同意，他说：“我得到50岁才会发迹，到那时，我就会好好报答你，让你享尽荣华富贵。”妻子说：“50岁？你早就冻死、饿死，掉到大沟里喂狗了，还说什么大富大贵？”经过一番争吵，朱买臣被迫写了休书。妻子走了，他就一个人砍柴卖。

离婚的妻子很快嫁了人，并且和新夫一家人到公共墓地祭祖，那时的祭祖比现在要复杂得多，要用锅把祭肉煮熟。这样给朱买臣提供了一个小小的商机，他没有错过，砍了一担柴去卖，夫妻俩人在此相遇，前妻还不错，在吃饭的时候，喊朱买臣吃了一顿，夫妻就此别过。

没过几年，朱买臣被一个叫严助的亲贵看中了，推荐给了汉武帝。

汉武帝召见了他，并拜他为中大夫。可是这个官没做好，丢了官职，朱买臣就经常到京城一个会稽老乡那里蹭饭吃。后来东越造反，朱买臣上书一封，出征战之策。终于龙颜大悦，朱买臣被拜为会稽太守，专管讨伐东越之事。君臣二人商量完征战大事后，皇上和他开了一个玩笑，说："富贵不归故乡，如衣绣夜行，今子何如？"

朱买臣拜别了皇上，揣着太守大印到了会稽老乡那里，老乡端来饭食，两个人一起吃起来。吃饱后，朱买臣故意将大印露出了一点点。老乡好奇地拽出来一看，大吃一惊。跑到外边一说，邻人都喊道："胡说八道。"后来老乡一再说是真的，才有个人跑去看看，结果大惊失色，赶紧报告给了当地官员。官员们赶紧组织手下的人在台阶下列好队，请朱太守出来接受大家的祝贺。朱买臣端着架子，踱着四方步，缓缓地出来了。过了一会儿，朝廷的车来了，送太守去上任。会稽百姓全城出动，洒扫街道，列队迎接。

【解读】

朱买臣砍了大半辈子干柴，谁会想到他能被当朝的皇上看中呢？连他的妻子都觉得他没有什么出息，离开了他；会稽老乡们也认为他是在开玩笑。但是正是由于他砍柴时都学习的那种态度，才取得了后来的荣耀。这个故事告诉我们：人们不仅要有志向，而且还要为自己的志向奋斗不息。

桑弘羊少年立志

【名言】

志不立，如无舵之舟，无衔之马，漂荡奔逸，终亦何所底乎？

——王守仁

【故事】

汉武帝 16 岁时就当皇帝，他嫌周围的人太老，就招集一些年龄相仿的少年做自己的亲随。桑弘羊就是其中一个。他还不到 13 岁，不但敢说敢做，而且办事还特别机灵，非常讨汉武帝的喜欢。

桑弘羊出生在一个商人家庭。由于环境的影响，桑弘羊很小时候就知道很多做生意的方法。长大以后，他更觉得商业是生活中不可缺少的行业。起初，他本想像父亲那样，做个商人经商。可后来，他被召进宫里，当了汉武帝的亲随，每天陪着皇帝游玩、读书。有时候汉武帝也跟他们说说国家大事，向他们询问好计策。日积月累，桑弘羊对国家大事也产生了兴趣。汉武帝知道他从小会算账，就把国家的一些账目拿来让他计算。就这样，桑弘羊开始接触国家的财政管理。

一次，桑弘羊读书的时候，读到了管仲的故事，他从心眼里佩服。他想：管仲年轻的时候不是也做过生意吗？后来他在齐国进行改革，又很重视商业，才使齐国逐渐强大起来。桑弘羊就暗自把管仲作为榜样，决心要像管仲那样，为汉朝的富强出一份力。

十几年以后，汉武帝大胆提拔，让桑弘羊参加管理国家的财政。桑弘羊少年立志，得以实现。他对货币、盐、铁的管理和生产也进行了改革，使汉朝的财政收入大大增加，活跃了全国各地的贸易往来。汉武帝高兴地对他说："你真不愧是商人的后代啊！"

【解读】

桑弘羊十几岁就关心国家大事，以管仲为榜样，立志成为管仲那样的人。经过他不断的努力，终于成为国家不可缺少的栋梁之材。所以，树立一个榜样对自己目标的实现是很有帮助的，它将指导我们朝着正确的方向前进，而且使我们的信念更加坚定。

陈蕃济世之志

【名言】

志当存高远。

——诸葛亮

【故事】

陈蕃，字仲举，汝南平舆（今河南汝南）人。东汉名臣，为官清廉，名重当时。

陈蕃出生在一个官僚家庭，祖父曾任河东太守。他年少时独居一室，一心只读圣贤书，屋里满地狼藉，庭院杂草丛生，从不整理清扫。

一天，父亲的友人薛勤来访，见此情景，便问陈蕃："小孩子怎么不把屋舍打扫干净，以便接待宾客？"陈蕃答道："大丈夫处世，当以扫尽天下尘垢为己任，哪能顾得上小小的一个房舍呢？"

薛勤知道陈蕃有清世之志，甚为惊奇，便启发他道："一屋不扫，何以扫天下？"陈蕃深受启发，从此更加发愤读书，谨慎做事，立下要治理天下的雄心壮志。

【解读】

陈蕃胸怀大志不能算错，但是，他却没有意识到"扫天下"正是从"扫一屋"开始的，"扫一屋"是不会阻挡"扫天下"的。这个故事告诉我们：志存高远是很好的，但是也不能好高骛远。因为，不会做小事的人，肯定也做不成大事。只有尽心尽力地做好每一件平凡的小事，为之付出了，才能做成大事。

有志者事竟成

【名言】

不飞则已，一飞冲天，不鸣则已，一鸣惊人。

——司马迁

【故事】

耿弇是东汉光武帝刘秀夺取政权和巩固政权的重要将领。他原来是个读书人，由于经常见到郡官操练兵马，非常威武，因此，对军事发生了兴趣，后来投奔刘秀，替刘秀打了许多胜仗。

公元28年，刘秀派特地把耿弇找来，让他领兵攻打张步。耿弇收集将卒，安排部署，选派将士，率骑都尉刘歆、太山太守陈俊引兵东进。

张步仗着自己兵多将广，不把耿弇放在眼里。他听说耿弇来攻，便派兵在历下城（今山东禹城县东南）等几个地方迎战耿弇的军队。没想到，几天时间竟被耿弇接连攻破好几座城池。

张步虽然被打败了，但是他看到耿弇兵少又很疲劳，于是又纠集20万人马攻打耿弇。耿弇的部下见敌我兵力悬殊，建议耿弇等到援兵来到之后再和张步决战。耿弇说："主上快要到了，我们应当杀牛备酒来隆重接待他们。怎么能把没有歼灭的敌人留给主上？"于是出兵大战一天，终于打败了张步。

几天以后，刘秀来到临淄劳军，当着文官武将的面，把耿弇大大夸奖了一番，并且用赞美道："这真是有志者事竟成啊！"

【解读】

耿弇从一个读书人发展成为军事将领，其中的努力是不言而喻的。

在与张步的战争中，耿弇能够不畏强敌，坚决要把张步打败的态度充分感染了将士们，所以才能够以少胜多，取得了最后的胜利。这个故事告诉我们：有了志向就要努力，千万不能畏首畏尾。

囊萤映雪

【名言】

燕雀安知鸿鹄之志哉。

——陈涉

【故事】

在晋朝时期，有两位很有名气的学者，一位叫车胤，另一位叫孙康，他们二人都是穷人家的孩子，但正是他们有着伟大的志向，凭着自己顽强的毅力，最后自学成才了。

车胤家中很穷，没钱读书，可他自己想学习，只好白天帮助父母去干活，晚上才能有学习的机会，到了晚上，家中又买不起油来点灯，车胤很苦恼，怎么办呢？最后他终于想出了一个好办法来，用布做个大口袋，到野地里去捉萤火虫。萤火虫自己可以发光，集在一起时，就发出可以让人勉强看书的微弱亮光来。

孙康小时候，家中也是穷得读不起书，可是，他非常自强，努力读书，除了白天抽时间读书外，夜里也不停地学习。他没有像车胤那样发明出萤火虫来当灯，而是用雪来照明。在冬天的夜里，他家里买不起灯油，不能读书了。他只好躺在床上，默默地背诵着白天所看书的内容，当发觉有记不起的内容时，只能等到明天再看。

有一天，他突然向窗外望去，发现外面的雪地在月光的照射下，显得很亮。于是，他穿上衣服，拿出书本便在外面看起书来。只有当他手脚被冻得麻木时，才进屋暖和一会儿。

【解读】

车胤和孙康都是有远大志向的人，所以即使在极其困难的环境下，也能创造条件学习。所以，他们最后都成为很有名望的学者。这个故事告诉我们：困难并不可怕，最可怕的是胸无大志，不思进取。如果志在千里，就能够把阻力变成前进的动力，就能够取得成功，笑到最后。

铁杵磨成针

【名言】

一日一钱，千日千钱，绳锯木断，水滴石穿。

——张乖崖

【故事】

李白字太白，号青莲居士，祖籍陇西成纪（今甘肃省天水市附近的秦安县），唐朝的大诗人。

传说李白小的时候读书很不用功，经常逃学。有一天，他跑出去玩，在小河边看见了一位老大娘磨铁棒。李白问老大娘："您磨铁杵做什么啊？"老大娘说："家里很穷，没钱买针，我想把它磨成绣花针。"李白很惊讶："这么粗的铁杵怎么能磨成针啊？"老大娘说："只要功夫深，铁杵磨成针。"李白听了非常感动。他想：老大娘这么大年纪了，还有那么大的恒心把事情做好，我年纪这么小就没有克服困难的决心，怎么可以呢？于是，李白又回到学校好好学习，他学习特别专心，学问大有进步，最后终于成为我国历史上著名的大诗人，被人们尊称为"诗仙"。

【解读】

“铁杵磨成针”的故事教育大家做事情要有恒心。李白懂得了“只要功夫深，铁杵磨成针”的道理，所以能够成为“诗仙”。其实，人们都需要有一个目标。老大娘把铁杵磨成针定为自己的眼前的目标，所以，她有恒心把铁杵磨成针。李白想成为学问家，所以开始专心学习，结果也名垂青史。这个故事告诉我们：每个人应该树立自己的大目标和小目标。

拜师不惜身为奴

【名言】

志，气之帅也，人之命也，草之根也，水之源也。

——朱熹

【故事】

五代南唐有位画家名叫钟隐，他从小就喜欢绘画，经过名师的指点以及自己的刻苦努力练习，年纪不大就已经成名。钟隐成名之后，家中的宾客络绎不绝，有求画的，有求教的，有切磋探讨画艺的等等，非常热闹。要是换了肤浅的人，遇到这种情况，一定会自鸣得意，沾沾自喜，可是钟隐对这一切却无动于衷，每天仍然在书房里潜心作画，除了万不得已，一切应酬的事全让家人代劳。无意之中，连自己的新婚妻子也给冷落了。

钟隐的妻子出嫁前也是个大家闺秀，她在娘家时，就听说钟隐少年得志，很倾慕他的才华，而她自己又长得端庄秀丽。人们都说她和钟隐是郎才女貌，天生一对，地上一双。没想到，嫁到钟家以后，丈夫虽是才华横溢，对自己也很体贴，但是总觉得他对画画比对自己更着迷，心中渐渐有些不快了。

一天，钟隐正在画画，他的妻子悄悄走进书房，帮他研墨，钟隐感谢地向她点点头，继续作画。妻子几次欲言，又几次闭口，最后实在忍耐不住，说道："夫君何必自己困扰自己，你已有万贯家财，又有羞花闭月的娇妻，自己的才华也受到世人的赞赏，还有什么值得你这样每日辛苦呢？"钟隐放下手中的笔，从书架上取下一幅画，在妻子面前打开，说道："你看这上面的鸟画得怎么样？"妻子说："我不懂画，说不出门道，不过我觉得那鸟像活了似的，翅膀正在动。"钟隐又取出另一幅画，打开放在妻子面前，问道："你再看看这幅画怎么样？"妻子摇摇头说："这怎能跟那幅相比，那鸟画得呆头呆脑，像是贴上去的。"钟隐把画轻轻卷起，笑着说"谁说你不懂画，看得很准，只是那第一幅是别人画的，第二幅才是你丈夫画的。虽说在画山水画上我已经有了点功夫，可画花鸟还差得远呢，你说，我怎能不练习呢？"妻子的脸红了，从此她再也不让钟隐辍笔了。

钟隐深知，自学一年，不如拜师一天。要想画好，必须有名师指点，也免得走歪路，事倍功半。他四处打听哪有擅画花鸟的名师高手，自己好前去拜师学艺。可是打听了很久，也一无所获，钟隐心中十分烦恼。

这一天，他与故人侯良一起吃酒，酒到酣处，二人的话也就多了。钟隐诉说了自己的苦恼，并问候良是否能给引荐个擅画花鸟的名师。侯良说："这你可找对人了。我的内兄郭乾晖就很擅长画花鸟画。我妻子说，有一次他画的牡丹，竟把蜜蜂给招来了。不过这个人性格古怪孤僻，别说收学生，就连自己画的画儿也轻易不给人看，更怪的是他画画还总躲着人恐怕人家把他的技法偷学去。"

钟隐倒觉得郭乾晖这个人很有意思。他如此保守，恐怕必有诀窍。

可是怎么才能接近他呢？这倒要动动脑筋了。钟隐是个倔脾气，什么事只要他想做，就一定要做成。他四下打听，听说郭乾晖要买个家奴。他想，这倒是个好机会，我何不扮个家奴，一来可以进郭府，二来可以看到郭乾晖画画，于是钟隐置办了几件奴仆穿的粗布衣服，打扮成仆人的样子，就到郭府应聘去了。

管家对钟隐很满意，就这样，他进了郭府。在郭府，钟隐终于以执著的求学精神感动了郭乾晖，名正言顺地成了他的学生，郭乾晖把自己多年的体会和技艺毫无保留地传授给了钟隐。

【解读】

钟隐一心专心作画的精神和不惜为奴的拜师故事，都很值得学习。成名之后，钟隐没有沾沾自喜，而是对自己要求更加严格。这说明他志向远大，有着精益求精的治学态度。真正作学问的人，都应该是钟隐这样的，学习刻苦，态度诚恳，治学严谨。

苏洵中年立志

【名言】

男子千年志，吾生未有涯。

——文天祥

【故事】

苏洵（1009—1066年），字明允，号老泉，眉州眉山（今属四川）人。北宋散文家。与其子苏轼、苏辙合称“三苏”，均被列入“唐宋八大家”。

据说，苏洵年轻的时候读书不努力，糊里糊涂地混日子，直到27岁方有觉悟，于是发愤学习。

经过十几年的苦读，学业大有长进。仁宗嘉祐元年（1056年），苏洵带着儿子苏轼、苏辙到了汴京，拜访翰林学士欧阳修。欧阳修很赞赏他的《权书》、《衡论》、《几策》等文章，于是向朝廷推荐。一时公卿士大夫争相传诵，苏洵也成为当时众人皆知的大文人。

嘉祐三年（1058年），仁宗召他到舍人院参加考试，他推托有病，不肯应诏。

嘉祐五年（1060年），任为秘书省校书郎。后与陈州项城（今属河南）县令姚辟同修礼书《太常因革礼》。书成不久，即去世，追赠“光禄寺丞”。

苏洵有远大的政治抱负。在《衡论》和《上皇帝书》等文中，他提出了一整套政治革新的主张。他主张“尚威”，加强吏治，激发天下人的进取心，使宋王朝振兴。由于苏洵比较了解社会实际，又善于总结历史的经验教训，以古为鉴，因此，他的政论文中尽管不免有迂阔偏颇之论，但不少观点还是切中时弊的。

苏洵的散文论点鲜明、论据有力、语言锋利、纵横恣肆，具有雄辩的说服力。艺术风格以雄奇为主，而又富于变化。一部分文章又以曲折多变见长。苏洵的抒情散文不乏优秀篇章。在《送石昌言使北引》中，他希望出使契丹的友人石昌言要不畏强暴，藐视敌人，写得很有气势。《张益州画像记》记叙张方平治理益州的事迹，塑造了一个宽政爱民的封建官吏形象。

苏洵论文的见解也很精辟。他反对浮艳艰涩的时文，提倡学习古文；强调文章要“得乎吾心”，写“胸中之言”；主张文章应“有为而作”“言必中当世之过”。他还探讨了不同文体的共同要求和不同写法。

苏洵作诗不多，擅写五古，质朴苍劲。《欧阳永叔白兔》、《忆山送人》、《颜书》、《答二任》、《送吴待制中复知潭州二首》等都不失为佳作，但总的成就远逊于散文。

苏洵的著作，宋代以多种版本流行，原本大都散佚，现在保存下来的有北宋刊《类编增广老苏先生大全文集》残卷，通行本有《四部丛刊》影宋钞本、《嘉祐集》15卷。

【解读】

俗话说：“浪子回头金不换。”苏洵27岁才开始努力学习，最后成为“唐宋八大家”之一，说明了只要真心悔改，什么时候立志都不晚。但是，做事情还是要赶早不赶晚，与其晚立志，不如从小就树立远大的志向，早早努力，那样更有可能成功。

司马光的警枕

【名言】

千淘万漉虽辛苦，吹尽狂沙始到金。

——刘禹锡

【故事】

司马光，北宋时代的政治家、史学家、文学家。著有《资治通鉴》。

司马光小时候记忆力很差，别人读一篇短文，三遍五遍便背熟了，差一些的，十遍也就差不多了，可司马光非二三十遍不可。别人背熟后，休息或出外游玩去了，可他只得留下继续读，直到背熟为止。时间久了，他便养成一个读书习惯，那就是比别人多读几遍，背得比别人熟一点，读时比别人多思考一些。所以即使读到半夜，他还是手不释卷。

十多岁的年轻人，到晚上特别喜欢睡。司马光也不例外，有时白天读书太疲倦了，一到晚上，眼睛睁不开，或者昏昏糊糊往床上一倒下去，便呼呼大睡，直到天亮才醒。这样几天下来，他感到晚上时间全睡去了，非常可惜，于是便想出一个妙法，即把平时睡的枕头搁在一边，用一段圆木代替枕头。他想只要睡到半夜，一个翻身，枕头滚走，头部跌落下来就马上惊醒，又可以继续读书了。采取这一办法后，果然有效，再也没有出现睡过头的事了。时间长了，他和圆木枕头有了感情，亲切地把这种枕头叫“警枕”。

司马光一生勤奋好学，从不懈怠，终于成为宋代著名的文学家和历史学家。

【解读】

司马光不仅勤奋好学，而且还用警枕来提醒自己，不要睡懒觉。俗话说："勤能补拙是良训，一分辛苦，一分才。"如果我们都能这样求学，还怕考不出好成绩，考不上好学校吗？有的人只想美梦成真，而不想付出努力，纵使前面有一个小土坡，可能也爬不上去。

不忘国耻的郑思肖

【名言】

男儿不展风云志，空负天生八尺躯。

——冯梦龙

【故事】

郑思肖（1241—1318年），字忆翁，号所南，福建连江人。他自幼侍父读书，14岁考中秀才，并开始游学四方。后来又考取太学生，应博学宏词科。由于他受家庭教育的影响，又目睹蒙古统治者的暴行与宋朝丧权辱国的情景，痛感报国无门，一腔悲愤流于笔端，而且从他的言行中表现出来。

郑思肖原来叫郑所南，他是一个很有气节的人，宋朝被元朝灭亡以后，不少人都归顺了元朝，他坚决不投降，于是在苏州的一个寺院里隐居起来。为了表示对宋朝的思念，他改了名字，叫思肖，就是思赵的意思。因为宋朝的皇帝姓赵，所以思赵就是思念宋朝了。郑思肖隐居以后，元朝派了一些有名气的人来请他，并且说："只要你归顺元朝，什么条件都可以答应。"郑思肖脸一板，扬着头回答说："那好啊！只要把大宋江山恢复了，我什么条件都不提！"派来的人碰了个钉子，只好灰溜溜地走了。

郑思肖还是个有名望的画家。不过，他绝不给那些当大官的画。当地有一位大官非要他画不可，郑思肖坚决不答应。当官的急了，心想：你不过是个画画儿的，居然不给本官一点面子，有你好瞧的。于是一瞪眼，指着郑思肖的鼻子威胁说："你姓郑的如果不给本官画这幅画，我就没收你的家产！"

四周的人都为郑思肖捏一把汗，可他却大声说："脑袋都不怕你拿走，更何况家产了！要我的画，做梦！"当官的一听，知道没希望了，说了声："等着瞧！"就溜走了，周围的人都佩服郑思肖很有骨气。

【解读】

郑思肖是宋朝的一个很有气节的文人。宋朝被灭以后，他没有忘记国家的耻辱。他不但改了名字，而且还拒绝成为元朝的官吏，这些都反映出其强烈的爱国之情。郑思肖的这种做法类似于文天祥，他们的这种气节是十分可贵的，但也有其不对的地方。因为，事物是不断发展的，优胜劣汰的规律不会改变，宋朝已经到了末期，被取代是历史发展的必然，人们要学会正确认识新生事物。

董云七十拜师

【名言】

有志不在年高，无志空长百岁。

——石成金

【故事】

董云，明朝嘉靖年间太湖流域的一个著名的学者、诗人。他求知若渴，学有所成，很有名气。

68 岁那年，董云去浙江会稽游玩，听说著名理学家王阳明正在稽山书院讲学，赶忙去听讲。他越听越觉得王阳明知识渊博，愈感到自己知识浅陋。

听完后，又去拜访王阳明，继续与王阳明谈论各种问题。几天后，董云深有感触地说："先生真是博学多才，令人敬佩啊！我如果能够成为您的学生，那我这一生就没有白活"。

当时只有53岁的王阳明推辞再三，执意不肯收长者为徒。不少朋友都劝他："你已经这么大年纪，又很有点名气，何必还要那么用功呢?"董云说："我的年纪虽老，但过去的60多年学的太少了，今天有幸遇见好老师，一定要从头学起。"

董云说到做到。两年后，70岁的董云特意在除夕冒着雪，赶到会稽山。经董云再三恳求，王阳明才勉强答应，举行了拜师之礼。

立志求学不分先后。董云70岁拜师求学，一直被传为"老而好学"的佳话。

【解读】

董云求知若渴、博学多才是出了名的，但是没有想到，他在70岁的时候还拜师学习。所以说，立志求学不分先后，师者也不应该分长幼。这个故事告诉我们：在现在这样一个飞速发展、知识改变命运的时代，人们更应该"活到老，学到老"，否则就会落伍，被社会淘汰。

悬梁刺股苦求学

【名言】

吾尝终日不食，终夜不寝，以思，无益，不如学也。

——孔子

【故事】

苏秦是战国时洛阳人。在小的时候，苏秦就十分喜欢学习，曾在很有名望的鬼谷子门下，学习纵横家的言论。当时，苏秦的家境不好，连温饱问题都解决不了，更没有钱买书读了。为了读书，他时常把自己的长发剪下来卖掉，或者给别人打短工，卖力气，以换取微薄的收入来勉强维持自己的生活和学业。由于苏秦勤奋好学，在开始的一段时期内，取得了很好的成绩。

然而，就在苏秦取得好成绩的时候，骄傲自大起来，老师的话渐渐听不进去了，自以为已学到了纵横术的所有知识，能够“运筹帷幄”了。于是，收拾好行李，苏秦告别了老师和朋友，一个人外出游说他的“合纵连横”理论去了。

苏秦先是主张“合纵”的，于是他去求见周天王，劝弱小的国家联合起来，阻止强国的兼并。由于没人给他引见，被冷落了一年多。一气之下，他又到了秦国，向秦惠王宣传“连横”的意见，劝他用此办法来兼并各诸侯国，以统一天下。他先后写了10来封意见书给秦惠王，但都没有引起秦惠王的重视，秦惠王只是草草地看一下，就随便放到一边，不予理睬了。

苏秦在秦国住了一年多的时间，所带银两已用得一干二净，衣服既破又旧换不了季。他无法再住下去了，看到秦惠王一点也没有重用他的意思，就只好缠了裹腿，穿了草鞋，背上书包，离开秦国，返回家里。由于路途比较远，缺吃少喝，加之心情不好，奔波了好多天才回到家中。这时他已瘦得不成样子，皮肤被晒得黑乎乎的。回到家里怪难为情的，都不愿抬头见家人。妻子看见他这副样子，叹了一口气，低下头去织布了；嫂子看见他这副样子，也不想马上给他去做饭；父母见他这副样子，也不想与他说话。

苏秦的心里难受极了。他长长地叹了一口气，自言自语地说道：“唉，妻子不认我这个丈夫，嫂子不认我这个小叔子，父母也不认我这个儿子，这全是由于自己不争气造成的啊！”于是，他又重新开始埋头读书。当天夜里，他把自己几十箱藏书找了出来，从此不分昼夜，刻苦攻读。有时读着读着就在案头上睡着了。每次醒来，看到时间过去了很多，都十分懊悔，痛骂自己无用。可是一时也找不到合适的办法来制止自己打瞌睡。

一次，他读着读着又开始打瞌睡了，身子一下扑在了案桌上，放在案上的一把锥子刺痛了他的手臂，他一下子清醒过来。他看着锥子，眨了眨眼，忽然想出了一个制止自己打瞌睡的好办法：用锥子扎自己的大腿。此后，每当困意袭来的时候，他就拿起锥子，朝自己的大腿狠扎几下。由于扎得狠，往往是鲜血淋漓，他的家人看了，于心不忍，就规劝他说："你不必这样折磨自己了，只要你痛改前非，就一定可以成功。"

这样，苏秦苦读了一年多，觉得比以前学得深了，能够说服当代的君主了。经过这一番准备，苏秦于公元前334年开始游说六国，终于得到了六国君王的重用，担任了六国的宰相，提出了有名的六国合纵共同抵抗秦国的政策。长沙马王堆汉墓出土的帛书——《战国纵横家书》中，就有苏秦的书信和游说辞16章。

【解读】

谁都希望一夜成名，但一夜成名需要坚实的基础，尤其是卓越的才学和智慧。在战乱纷飞的时代，战国人的思想非常的活跃，可以说是百家争鸣，谁都希望自己的学说为统治者所用，成名于当世。苏秦也不例外，一开始非常心浮气躁，急功近利，结果受到大挫，后来，他才明白要扬名立万，仅靠那点知识是远远不够的，只有脚踏实地，努力学习才能成就大业。用锥子扎自己的大腿，这种方法未必可取，但他的勤学精神令人感动。正是由于这样的刻苦学习，才能深刻剖析六国与秦国的关系，才能提出有名的合纵政策。

富强篇

路温舒"编蒲"抄书

【名言】

学至乎没而后止。

——《荀子·劝学》

【故事】

西汉时，巨鹿东里有个7岁的牧羊小孩，名字叫路温舒。他家很穷，常常吃了上顿没下顿，每天都要在牧羊时挖些野菜回来充饥。但他很想读书，看到那些在学堂读书的儿童，非常羡慕。听到读书声时，就竖起耳朵听；一看到村里的学堂，就出神地望着，舍不得离去。他常想，如果我能一边放羊，一边读书，那该多好啊！

本来，放羊时也可以读书。可是在西汉，书籍主要由竹木简做成。这样的书，不但价格贵，质量也很重。路温舒买不起这样的书。即使他有这样的书，放羊时要带去阅读也非常不便。为此，他十分苦恼。

但这没有难倒聪明的小路温舒。为读书，他一有空就躲在学堂外偷听。老师在学堂里面教，他就在窗外默默地念。他记忆力很强，听了老师读几遍后，他就会读。没过多久，他就会读、会背不少文章了。

会读还得会写，怎么办呢？路温舒一边牧羊，一边在地上划字，在树上划字，可这满足不了他的要求。一天，路温舒赶羊群来到一个池塘边，看见那里长着一丛丛的蒲草，又宽又长。他心想：这种蒲草这么宽，不是很像古代抄书的木简吗？用它一样可以写字，可以做成很多这样的书，不仅不用花钱去买，而且比竹木简做成的书要轻便得多。牧羊时就可以带着去阅读了。他就采了一大捆蒲草背回家里，切成跟竹木简一样长短的片子织起来。他向人家借来了书，挤时间抄在加工过的蒲草上面，做成一册一册的蒲草书。有了蒲草书，路温舒就不愁没书读了。他每次出去牧羊，身边都带着这种蒲草书，一边牧羊一边读。读完一本，再抄一本。路温舒这样克服困难，勤奋读书的事迹很快在乡里传开了。学堂的老师听到后，非常感动，抽空教他，给他解疑答难，还帮他借来了《尚书》。路温舒借到《尚书》后，日夜攻读，编蒲抄写，以惊人的毅力将《尚书》59 篇全部抄完，基本上会背。

15 岁那年，路温舒在听洛阳一位学者讲《尚书》时，竟滔滔不绝地念出《尚书》中《夏书》一卷中的一大段，指出那位学者讲解中的失误地方。那位学者和在场听众看到这位少年如此渊博，记忆力那么强，都钦佩不已。

经过多年刻苦学习后，路温舒获得了丰富的知识，请求到狱里去做小吏。在做小吏时，他继续刻苦钻研，学习当时的律令，因而被提升为狱吏。县里有什么疑难问题都找他出主意，想办法。他后来写的《尚德缓刑书》一文中的“画地为牢”、“死有余辜”等精炼的语言，成为后人常用的成语。

路温舒不怕困难，刻苦学习，终于掌握了丰富的知识，从一个放羊娃成长为西汉时期一个有名的法律学家，对当时的刑法提出过很好的意见。

【解读】

路温舒家里没有钱，买不起昂贵的书，但他勤于观察，发现池塘边长着一丛丛的蒲草，又宽又长，很像古代抄书的木简，于是向别人借来书，挤时间抄在加工过的蒲草上面，做成一册一册的蒲草书，一边牧羊一边读书。正是他这种克服困难，勤奋读书的事迹感动了别人，学堂里的教师给了他很大的帮助，使他的学习迈上了一个新的台阶。

孙权劝学

【名言】

大志非才不就，大才非学不成。

——郑心材

【故事】

三国时东吴的名将吕蒙，出身在贫苦的家庭，没读过什么书。吴主孙权觉得吕蒙资质好，是可以造就的人才，就常劝吕蒙抽时间读书，吕蒙总以繁忙为借口。一次，孙权又劝吕蒙读书，对吕蒙说：“我难道是要你钻研经史典籍成为学者吗？我只是要你广泛涉猎历史而已。你说事务多，比得上我吗？我年轻时读遍《诗》、《书》、《礼记》、《左传》、《国语》，唯独不读《易》。自任吴王以来，我又读三史（《史记》、《汉书》、《东观汉记》）、诸家兵书，自以为得益匪浅。像你，悟性强，学必得之，怎能不读书呢？应立即读《孙子》、《六韬》、《左传》、《国语》及三史。孔子说过：‘终日不食，终夜不寝以思，无益，不如学也。’汉光武帝刘秀在处理兵务间隙，手不释卷。曹操也自谓老而好学。你为何独独不自勉吗?”于是，吕蒙就读起书来。不管军务多忙，都挤出时间来学习，认真思考，提出自己的见解。很快，吕蒙的学问大有长进，看问题的眼光也更加深远。

一次，东吴的统帅鲁肃去吕蒙那儿，两人谈论起来。吕蒙对鲁肃说:“你现在驻守陆口，与关羽相持，早就听说关羽智勇双全，精通兵法，你有什么办法来对付他?”鲁肃问吕蒙有什么高招，吕蒙就提出自己的想法。

鲁肃听了，大吃一惊，在他的印象中，吕蒙读书不多，没什么精深的谋略。如今听了他的分析，简直出乎意料。就夸奖道:“现在你的学识这么好，既英勇，又有谋略，再也不是吴下阿蒙了。”

吕蒙答道:“人别三天，就该另眼看待呀!”

吕蒙还为鲁肃出了三个计策，鲁肃敬受之，秘而不宣。

【解读】

武官按理说只要能带兵打仗就可以了，不需要读什么书籍，但孙权却认为熟读兵书对武官也是很有用的，所以奉劝吕蒙多多学习。吕蒙从此勤奋学习，当鲁肃向他请教时，才能滔滔不绝，让鲁肃非常震惊。孙权由此感叹:“荣华富贵之后不忘记认真学习，使自己成为国家的优秀人才，这才值得称道!”

葛洪燃薪抄书

【名言】

少年人宜使苦，苦则志定。

——汤斌

【故事】

葛洪是东晋丹阳句容人，是我国古代著名的炼丹家和医学家。

葛洪从小热爱学习。他家很穷，13岁时，死了父亲，全家的生活重担，一下压在他的肩上。祖先只留下几亩薄田，他便亲自耕种起来。披星戴月，风里来雨里去，一年到头，还是吃不饱穿不暖。

葛洪的祖父、父亲都是读书人，收集了不少书籍；只因累经兵火，有的被焚毁，有的被劫掠、没有剩下一本。葛洪在农闲时，苦于无书可读，便背上空箱子，徒步跋涉，四出求借。大概由于累经战乱的缘故吧，任何一家都很难借到一部首尾完整的书，必须跑东家又跑西家，东拼西凑，才有可能凑全。而借书总是有限期的，好容易凑全一部书，还没来得及仔细研读，又要还了。要解决这个问题，唯一的办法就是抄写。而要抄写，困难也很多，第一，没有笔墨纸张；第二，白天还要劳动，主要得利用夜间，而夜间又点不起灯。但是，这一切都没难倒他。他挤出时间入山砍柴，一则卖柴买文具，二则用柴火代替油灯。每天吃过晚饭，便架起枯树枝，点起火来，开始抄书。他抄的书，数量十分庞大。《晋书》本传就说他“抄五经、史、汉、百家之言、方伎、杂事310卷，金匮药方100卷，肘后要急方4卷”。要抄这么多书，靠卖柴买纸当然常常感到不敷应用，所以他对纸张异常珍惜。一张纸，总是写得密密麻麻的，写完正面，又写反面。

葛洪没条件进学校，主要靠自学。遇到重要的疑难问题，就出门求教。有时不远数千里，跋山涉水，寻师访友，析疑辨难，直到问题得到圆满解决，才高兴地回家。

这样，葛洪一面辛勤劳动生产，一面刻苦钻研学问，终于在医学、化学等方面，作出了卓越的贡献。他的名著《抱朴子》，共20卷，是研究古代炼丹术的主要资料，其中包括了相当丰富的化学知识，在客观上对科学的发展起了一定的作用。他的《肘后要急方》，共4卷，包括急性传染病、各脏器急慢性病、外科、儿科、眼科；此外，还有六畜病的医治内容。这部医书的特点是：对每种疾病，都讲到病状、病源、治法和药方。特别值得注意的是他对天花症、恙虫症（沙虱毒）、结核病等都作了相当正确的论述。西方医学界认为最早记载天花病的是阿拉伯的医生雷撒斯，而雷撒斯生活的时代，比葛洪晚500多年。西方最早记载恙虫病的是美国医生帕姆，比葛洪晚生一千多年。在医疗方面，他主张用常山治疟疾，用麻黄治喘咳，用松节油治关节炎，用雄黄、朱砂、艾叶作消毒剂，用铜青（碳酸铜）治皮肤病，都与现代医学相符合。

【解读】

葛洪挤出时间入山砍柴，一来卖柴买文具，二来用柴火代替油灯。每天吃过晚饭，架起枯树枝，点起火来，开始抄书。如果没有坚韧不拔的意志，他是不能“抄五经、史、汉、百家之言、方伎、杂事310卷，金匮药方100卷，肘后要急方4卷”的。抄这么多书，使他对纸张异常珍惜。一张纸，总要写得密密麻麻的，写完正面，又写反面。

这种勤学节俭的精神，对那些家有万卷书，却不认真学习的人，有很大的讽刺意味。

从弃婴到“茶神”

【名言】

非学无以广才，非志无以成学。

——《诸葛亮集·诫子书》

【故事】

唐代学者陆羽以嗜茶著称，对茶道有很深的研究，他所著的《茶经》是世界上第一部关于茶叶生产的科学著作，把祖国的茶艺文化发扬光大！

说起来，陆羽的身世十分凄惨。他一降临人世就被狠心的父母丢弃在河边，龙盖寺的僧人见他可怜，就抱回寺中抚养。六七岁时他便开始伺候法师的饮食起居，除了洒扫庭除，还学会了煮茶，后来法师又加派他放牧寺里的三十多头牛。

年龄渐长后，陆羽非常渴望读书，他把寺里墙上柱上的字都默记下来，再打听字音、字义。放牛时他就偷偷地学，用竹枝代笔在牛背上练习写字。无书可读，他就到寺外借，一次他好不容易借到了一卷书，喜不自禁，忘了放牛，忘了吃饭，也忘了酷暑，在烈日底下捧书默默诵读，结果几头牛跑到寺庙里，法师大怒，派管事僧人将陆羽痛打了一顿，将他借来的那卷书撕碎了。

小陆羽忍无可忍，当晚便逃走了，后来他在一个戏班子落脚，当了伶人。然而无论环境怎样变化，陆羽始终没放弃过读书，他终于成为一个学识渊博的人。当时的官府曾多次请他做官都被他借故推辞了，他的志向不在官场，而是想为后人留下一些精神财富，于是他闭门谢客，一心著书。陆羽一生著作很多，尤以《茶经》最为著名，他被后人称为“茶神”，旧时茶叶店里都供着他的画像。

【解读】

陆羽的身世凄惨，被狠心的父母丢弃在河边，六七岁便开始伺候法师的饮食起居，在繁重的劳作之余，还学会了煮茶。长大以后，由于对新借到的书爱不释手，忘记放牛，被迫逃了出来，但他始终没有放弃读书，成为一个学识渊博的人。当代，很少有人会像陆羽那么孤苦，读书却没有他那么忘我，因此很少有人能取得像他那么大的成就。

呕心沥血谱华章

【名言】

人生在勤，不索何获。

——张衡

【故事】

唐代著名诗人李贺，天赋极好，7岁就能写很精彩的诗歌、文章，受到当时一些有名望的人的赞赏，被认为是小神童。尽管李贺聪颖过人，可他依然十分努力，从无丝毫懈怠，作文、写诗都非常严肃认真，从不马虎草率。

李贺写诗、作文，有与众不同的习惯，他不是闭门造车冥思苦想，而是十分注重搜集材料、积累心得、捕捉灵感，他特别注意观察生活、实地考察。他习惯于每天早上骑着家里那匹瘦马外出游览，每每有了什么见闻或心得体会，便当即记录下来，装进随身带的绣花锦囊之中。当太阳落山的时候，李贺再往回家的路上走去，到家常常已是掌灯时分，家人早已吃过晚饭了。

李贺回到家，他母亲赶紧叫仆人端上热过的饭菜，可是李贺依然没有慌着去吃饭，而是将白天写的那些草稿从锦囊中取出来，及时修改、整理，然后誊写清楚，集中放入另个一绣花锦囊之中，这才吃饭、休息。李贺天天如此坚持不懈，只要不是因病或家里办重大的红白喜事，他都从不停止这样做。

一天晚上，待李贺回家做完这一切躺下睡着后，他母亲来到他的房间，取过锦囊将里面的东西全倒出来，一看，竟都是些诗稿、笔记，除此以外，别无他物。他母亲想到这孩子一向体弱多病，再看他倒床便睡，疲惫不堪的样子，心疼又担忧地叹息道："这孩子真是非要把心呕出来才肯罢休啊！"

李贺虽然很年轻就去世了，可他的很多诗作却成为人们喜爱的传世佳作，为了这些佳作，他真正是到了呕心沥血的地步。

【解读】

李贺的故事告诉我们，天赋再好也一样需要后天的勤奋努力，做文章不能凭主观想像，而是要仔细观察生活、体会生活。在古代，还有方仲永的故事，他也是天资聪慧，但他沉醉于宾客的赞美，没有继续学习，以后就归于平淡，"泯然众也"。

以勤补拙

【名言】

山积而高，泽积而长。

——刘禹锡

【故事】

宋朝时，陈正之患有先天智力发育不良症，看上去傻头傻脑的。一次，老师教大家学一篇几百字的文章，其他同学很快便会背了，而他花了九牛二虎之力，才识了几十个字。照有些人来说，认识了几十字就可以记在脑子里，他却不同，认识字多了，又张冠李戴，经常读错。内容短或浅显的文章，别的同学读几遍都能倒背如流了，他却读几十遍，几百遍都还是结结巴巴、吞吞吐吐的。就因为这样，所以经常受到老师的教训，同学的讥笑，人们就给了他一个外号“陈傻子”。

小陈正之并没有灰心，更不自暴自弃。他心里十分清楚自已笨，他就想方设法，左思右想，想出了“以勤补拙”的好办法。在学习时，别人读一遍，他就读三遍四遍，甚至八遍十遍；别人用一个时辰读书，他就用上几个时辰埋头苦读。他坚持一句句读，一个字一个字读，天天如此，从不间断。有一年，他跟老师读《诗经》，他就一段一段地读懂。每学完一章，他又把整篇文章串起来读。白天读，夜晚读，一直读到全部弄懂，背下来为止。从此后，老师同学不再鄙视他，对他刮目相看。

日复一日，年复一年，陈正之坚持不懈地努力，博览群书，养成了锲而不舍的好习惯，学问与日巨增。陈正之终于成为我国宋朝一位著名的博学之士，人们尊称他为“陈学者。”

【解读】

有志者，事竟成。即使是一个智力不如别人的人，只要他有一颗上进的心，努力学习，刻苦钻研，就能取得一定的成绩。陈正之就是这样的人，他智力不高，但没有灰心，更不自暴自弃，心里十分清楚自己笨，他就想方设法，左思右想，想出了“以勤补拙”的好办法。别人都不再鄙视他，后来靠着自己的勤奋好学，成为一个大学者。

陆游“书巢”博览

【名言】

人品、学问，俱成于志气；无志气人，一事做不得。

——申居郧《西岩赘语》

【故事】

中国文学史上写诗最多的人是陆游。他的诗集里有九千多首作品，相当于苏轼的两倍，白居易的三倍。而这还仅仅是现存的数字，不包括遗失了的。据推算，陆游一生创作的诗歌总数有将近三万首，就以六十年创作时间来计算，平均每年五百首，每天写一首多。陆游作品的质量也是很高的，陆游的心始终为祖国而跳动，他的笔始终为祖国而写作，他是个杰出的爱国诗人。

陆游是越州山阴人，从小就热爱读书。他的父亲是藏书家，他家有书几万册，经、史、子、集，应有尽有。陆游最爱读文学作品，特别是陶渊明、王维、李白、杜甫、岑参等人的诗。有一次他看见一本陶渊明诗集，拿来就读，越读越觉有味儿，从下午一直读到晚上，饭都忘了吃。岑参的诗格调豪壮，内容多写边塞杀敌，他十分喜爱。有时他边喝酒边听别人念诗，醉意朦胧中，似乎感到自己同岑参一道，正驰骋在抗敌的疆场上呢！陆游在学诗的同时开始不断地做诗。从十二三岁起，他的诗名就渐渐为人所知了。

那个时候，正是金兵入侵、中原沦陷、民族危机深重的年代。敌人的残暴，人民群众的英勇斗争，激发了他的爱国精神。他勤学苦练，为的是挽救国家的危亡。二十岁的时候，就已经向往着“上马击狂胡，下马草军书”的战斗生活。所以一方面学习剑法，一方面研究兵书。他在《夜读兵书》一诗中写道：

“孤灯耿霜夕，穷山读兵书。

平生万里心，执戈王前驱。

战死士所有，耻复守妻孥……”

翻译出来，就是：孤零零的油灯照亮了落霜的黑夜，我在深山里熟读兵书，寻找打仗的窍门。我很早就立下了驰骋万里的志愿，要拿起武器、奔向前线，驱逐敌人。爱国志士，从来就不怕牺牲，守着妻子儿女，这是可耻的行为。

陆游时时盼望着骑铁马、挥金戈，驱逐敌人，恢复失地。但在妥协投降派把持朝政的情况下，真是“报国欲死无战场”。他因为要求救国而遭打击，被调来调去，做了几任闲官。“困仇未报”，而壮士已经进入了老年！

陆游从1189年年底被罢斥，到1210年去世为止，中间除去约有一年的时间到杭州主修孝宗、光宗实录以外，二十年的漫长岁月都是在故乡山阴度过的。在这二十年里，他“身杂老农间”，有时还亲自到田间去劳动。他虽然遭到罢斥，而且已经老了，但并没有忘记灾难深重的祖国，他曾在《老马行》里写道：“一闻战鼓意气生，犹能为国平燕赵！”然而统治者是不肯让他去“平燕赵”的。为了排遣“报国无门”的悲愤，更为了吸取历史经验、寻求救国之道，他又像二十岁前后那样发愤读书，并且给他住的房子，取了个很形象的名字：“书巢”，还写了一副对联：“万卷古今消永臼，一窗昏晓送流年”。

有人问他：“上古有个巢氏，是因为那时还不会修房子。尧帝时代，老百姓也曾经结巢而居，是因为那时洪水泛滥，平地上住不成。你现在幸而有房子可以住，门啊，窗啊，墙垣啊，应有尽有，和一般人的房子一模一样，却偏偏叫做‘巢’，这是什么原因呢?”

他回答说：“在我的房子里，柜子中装的是书，面前堆的是书，头上枕的、铺的也是书。总而言之，一眼望去，除了书还是书。而我呢，饮食起居，疾痛呻吟，悲忧愤叹，始终和书纠缠在一起，偶尔想走动走动，都被乱书包围起来，简直寸步难行；有时我自己也笑起来说：“这岂不是我所说的巢吗?”

客人不信，陆游便带他走进“书巢”看看。起初，客人被书挡住了，进不去，后来，好容易钻进巢里，又被书围得水泄不通，左冲右突，还是出不来。于是哈哈大笑道：“一点儿也不假，像个巢，像个巢!”

陆游还有一间房子，叫做“老学庵”，这名字就是活到老、学到老的意思，里面也放了很多书，他在里面著书立说，曾写了一部《老学庵笔记》。

当然，在“书巢”、“老学庵”读书，并不可能真正排遣他的愤懑情绪。面对“三军老不战，比屋阻征赋”的现实，仍然唱出了“为国忧民空激烈”的悲壮诗句。直到临死时，还因“逆胡未灭心未平”，写了一首洋溢着爱国激情的《示儿》诗：

死去元知万事空，
但悲不见九州同。
王师北定中原日，
家祭无忘告乃翁。

【解读】

为了排遣“报国无门”的悲愤，更为了吸取历史经验、寻求救国之道，陆游又像二十岁前后那样发愤读书，并且给他住的房子，取了个很形象的名字：“书巢”，还写了一副对联：“万卷古今消永白，一窗昏晓送流年”。陆游怀报救国的热心，老而好学，这种顽强拼搏，不灰心气馁的精神让人非常感动。

王冕画荷

【名言】

积财千万，不如薄技在身。

——《颜氏家训·勉学》

【故事】

明朝有个大画家，叫王冕，擅长画荷花，许多人为了要他的荷花画，不辞辛苦，从老远的地方赶来。

王冕虽然很有名，但小时候却很贫困，白天替人放牛，晚上自己自修。

一天，王冕在湖边放牛时，忽然下起一阵雨，一会儿雨停了，但是湖里的荷花和荷叶却被雨水冲洗得非常干净。王冕看了非常喜爱，便想把它画下来，于是赶紧用身上的一点零用钱买了纸和笔来开始作画。起初当然画得不怎么好，可是王冕并不气馁，仍然不停地画，最后终于越画越像，跟真的一样。王冕便把荷花画拿去卖，卖得的钱拿回家孝敬母亲。

王冕因为荷花画得很好，许多人争着要买，他的生活便因此渐渐好转，不再替人放牛了，同时他的名声也渐渐远播，终于成为一个全国有名的大画家。

【解读】

可见，任何一个专家都是由不会变成会的，而专家之所以能成为专家，就在于他比常人花更多的时间去学习，学习的时间愈长，下的功夫愈深，所学来的也就愈精。王冕并不是天生就会画荷花，而是长时期不停地画，画得不好再画，一直画到像了为止。因此，我们不论学习什么，都应该具备这种勤奋不懈的精神。

柳敬亭豆腐坊练说书

【名言】

坐破寒毡，磨穿铁砚。

——范子安《竹叶舟》

【故事】

柳敬亭，明末著名说书艺人。他本姓曹，泰州人，少年时因在家乡打抱不平，犯了命案，避难流落江湖，在柳树下栖息，改姓柳。孔尚任在《桃花扇》里写柳敬亭的为人颇为生动精彩：“老子江湖漫自夸，收今贩古是生涯；年来怕做朱门客，闲坐街坊吃冷茶。”柳敬亭一生走南闯北，其中在南京生活30年。据说他相貌生得奇丑，人称“南京柳麻子”。

传说他学说书，是在文德桥练出功夫来的。当时文德桥旁有家豆腐店，柳敬亭就借住在那儿，天天对着豆腐作坊里十几口放豆浆的大缸练说书。开始还不咋的，半年下来，一天晚上，豆腐店老头儿在河边乘凉时，忽然又听见他在说书：“那武松又饥又渴，纵身跳入酒店，环顾四周，空无一人，急得武松大吼一声：‘呔！’”话音刚落，就听得豆腐棚里嗡嗡的响声，真不知有多少人在喝彩叫好。老人吓了一跳，心想豆腐坊何时成了书场？他走进一看，只有柳敬亭一人空对大缸，便要柳再说一遍，柳又说到“呔”时，就像敲响了一口大钟，又圆又亮的一声，震得十几口大缸，个个嗡嗡有声，仿佛千百个听众在喝彩。此时，老头儿才知道柳敬亭说书练出功夫来了，便把豆腐坊改成了书场，让柳敬亭说书，柳敬亭从此就在夫子庙出了大名。

【解读】

传统艺术的表演之所以能有恒久的魅力，就在于那些艺术家下的苦功。柳敬亭之所以能留在史册上，跟他对缸练习等行为，肯定是分不开的。我们只有学习这种苦练的行为，才不会被人们遗忘。

冯如刻苦自学

【名言】

志小则易足，易足则无由进。

——张载

【故事】

冯如，广东恩平人。他是卓越的航空学家，我国飞行事业和飞机制造的开创者。十二岁时到美国谋生，刻苦自学，掌握了高超的机械技术。1903 年，美国人发明飞机后，他开始独立研制飞机，几经努力，设计制造出性能先进的飞机并试飞成功，飞行能力超过美方飞机，成为举世瞩目的航空专家。他热爱祖国，在 1911 年带机回国，为祖国服务，不幸在一次飞行表演时，因事故殉职。他为中国航空业的诞生做出了伟大贡献。

他在美国的时候，募集了一批资金后，冯如在简易工棚里开始了他的飞机研制工作。他和助手们艰苦创业，经过八个月的埋头苦干，第一架样机制造出来了，冯如冒着风险，亲自试飞。不料，飞机刚升上天空就下坠了，冯如也险些出事。试飞没有成功。但他没有气馁，经过多次实验，终于成功了。

1911 年春天，冯如和三名助手，携带两架自制的飞机从美国回到广州，回到了朝思暮想的祖国。

1912 年 8 月 25 日，天气晴朗，广州郊区燕塘操场上，人山人海。冯如站在自己的飞机上，向前来参观飞行表演的人们介绍制造飞机的经过，介绍飞机在国防、交通上的重要性。然后，在一片欢呼声中，他驾机飞上了蓝天。他飞到哪儿，人们的视线就跟到哪儿。他很快飞过了五里，高度已达二百米。他还想往上升，让观众看看飞机的优良性能。于是他紧拉操纵杆，不料用力过猛，锈损的机件失灵，顷刻之间，机身失去平衡。冯如双脚浮空，飞机失去控制，坠落地面。一场重大的不幸事故发生了。

当人们赶去营救时，冯如已经躺在了血泊中。他用尽最后的气力对助手们说："你们不要伤心，不要因为我死了，就丧失进取心。科学试验免不了有牺牲。你们要坚持下去，让祖国有更多更好的飞机在天空飞翔。"

这位二十九岁的航空天才陨落了。冯如是中国人民的优秀儿子，他创建的航空业绩永存人间。

【解读】

冯如在美国，一个人生地不熟的地方，自学成才，在简易工棚里开始了他的飞机研制工作，和助手们艰苦创业，经过八个月的埋头苦干，制造出第一架样机来，而且冒着风险，亲自试飞。经过反复实验，终于成功，他没有满足这次成功。他又在广州实验，为了祖国的航天事业，献出了年轻的生命。这种为国学习，努力实践乃至牺牲的精神，实在是值得后人学习。

生物学家童第周

【名言】

伟大的成绩和辛勤的劳动是成正比例的，有一份劳动就有一份收获，日积月累，从少到多，奇迹就可以创造出来。

——鲁迅

【故事】

童第周，浙江鄞县人。他是杰出的生物学家，我国实验胚胎学的开创者之一。1930 年，他在比利时留学时，成功地完成了难度很大的青蛙卵剥离术，成为著名的生物学专家。在近五十年的科学实验中，坚持不懈地从事生物胚胎发育实验，取得了重大成果，晚年又成功地培育出具有两种鱼性的“新鱼”，在遗传学研究上作出了卓越贡献，在国际生物学界产生了重大影响。主要著作有《鱼类的细胞核移植》等。

少年时代的童第周，因为家里穷，上学很晚。可他有一股不达目的决不罢休的劲头。经过一个暑假的刻苦准备，童第周终于考上了效实中学。可因为这个学校当时只招插班生，他成了三年级的插班生，不过，他的成绩是“倒数第一名”。一些同学听说他基础差，很瞧不起他。

一天，一个同学神秘地对大伙儿说：

“告诉你们一条‘爆炸新闻’，我已经注意童第周好多天了，每天灯一灭，他就不见了，一定是学习跟不上，就玩去了。”

“哼，这种人早晚不是留级，就是退学！”

一位教几何的老师听到了，严肃地对同学们说：

“昨天晚上十二点多，我访友回来，看见路灯下有一个人，过去一看，才知道是那个插班生正在看书，他告诉我说：‘我叫童第周，是全班成绩最差的那个学生。’我教了几十年书，还从没听到过一个学生这样自我介绍的。我告诉他该休息了，他收起书包走了，可没走几步，又蹲在另一盏路灯下看起书来。他是在刻苦学习呀！你们不要瞎议论了。”

童第周的苦功没有白下，期末考试的时候，他的几何考试得了一百分，总平均成绩由原来的“倒数第一”，一下子跃居为“正数第一”，这下，童第周又一次成了同学们议论的中心了。

中学毕业以后，童第周考入上海复旦大学哲学系，学习心理学。1930 年，童第周告别了亲友，远渡重洋，来到了比利时的首都布鲁塞尔，拜著名的生物学家布拉舍教授为师，从事胚胎学的研究工作。

在布拉舍的实验室里，最难的一项工作是做青蛙卵膜的剥离术。因为青蛙卵只有小米粒那样小，外面紧包着三层像蛋白一样的软膜，要把它们剥下来，可不容易，必须借助显微镜，手的动作稍有不当，卵膜就会被撕碎，所以这种剥离术曾经进行了几年都没有成功。

一次，童第周静静地坐到实验台的解剖显微镜旁，一只手拿起一把尖利的钢镊，另一只手拿住一根细细的钢针，不慌不忙，胸有成竹地开始了剥离术。不到5分钟，青蛙卵膜就干干净净地被剥离下来了。

“其实道理很简单，卵内有压力，剥离就很难，只要先在卵膜上刺一个洞，等压力降低了，手术就容易做了。”童第周剥离青蛙卵膜手术成功的消息，一下震动了欧洲生物界。

【解读】

童第周自称是全班成绩最差的那个学生，让教了几十年书的老师都惊讶：他从没听到过一个学生这样自我介绍的。走了几步以后，又蹲在另一盏路灯下看起书来。他这种知道自己不足而刻苦学习的精神，让所有人都很感动。后来他能剥离青蛙卵膜，同他勤于观察和思考是分不开的。

以勤奋为起点

【名言】

形成天才的决定因素应该是勤奋。有几分勤学苦练，天资就能发挥几分。天资的充分发挥和个人的勤学苦练是成正比例的。

——郭沫若

【故事】

1980年，著名的数学家华罗庚教授为小朋友们写了一篇文章，题目叫《以勤奋作为起点》。他在文章中说：“我要告诉全国少年朋友们一句心里话：在你们现在的学习和将来的工作中，与其相信‘天才’，不如相信勤奋……以勤奋作为自己的起点！”

华罗庚教授本身就是这样做的榜样。

1910年，华罗庚出生于江苏省金坛县一个贫民家庭。初中毕业后不久，他因交不起学费而离开学校，在父亲经营的小货铺当学徒。但他酷爱数学，勤奋不怠：柜台旁能看到他时常研读的数学书籍；半夜里，能见到他挑灯思考的身影。19岁时，华罗庚到一个学校里当会计兼庶务。这样，他就更忙了。每天晚上大约8点钟回到家，还要帮助清理好小店的账目，但他并没有因此而中断钻研数学。熬夜，是常有的事。

当华罗庚成为震惊世界的数学大师之后，他仍然十分勤奋。从20世纪50年代末期开始，华罗庚一直热心于“优选法”、“统筹法”的推广普及。20多年来，他的足迹遍布全国，用数学方法解决了生产中的大量实际问题，取得了显著的经济效益。

有一次，有人问他成功的要素是什么，他反问道：“我成功了吗？我成功不成功还不知道。”接着，他解释说：“如果我还有一点成就，主要是由于自己知道自己的不行。找到了差距，就有了奋斗的目标……下棋找高手，弄斧到班门，这是我一生的主张。能者为师，有机会就学。我没有什么诀窍，就是自己承认差一点，工作加油一点。”

华罗庚教授曾说他的“最大希望就是工作到生命的最后一刻”。1985年6月12日下午，华罗庚教授在东京大学的讲坛上，向日本数学界作学术报告。当他讲完最后一句话时，心脏病突发，经抢救无效，蜚声国际数学界的一颗明星不幸陨落了，华罗庚教授为中日两国人民和科技界人士的友好合作献出了宝贵的生命。他以自己的出色工作，实践了自己的壮丽誓言！

【解读】

无论是在刻苦自学的日子里，还是在享有盛誉的岁月中，华罗庚始终以勤奋作为起点，不断地去攀登科学的高峰。这种始终如一，保持勤学的精神和平淡应对荣誉，“最大希望就是工作到生命的最后一刻”的品质，实在让人感动。我们无论是追求科学，还是干别的事情，都要有这种精神。

富强的崛起与科学的发展密不可分

科学技术是第一生产力。放眼古今中外，人类社会的每一项进步，都必然伴随着科学技术的进步。那些科学发明为社会生产力发展和人类文明的进步开辟了更为广阔的空间，有力地推动了经济和社会的发展。可以说，人类社会富强的崛起离不开科学探索与发明。

腓尼基人开创航海业

【名言】

科学是人类智慧的结晶和硕果。展望科学的未来，人类将高举科学的火炬登上宇宙的天堂。

——霍金

【故事】

腓尼基人是一个相当古老的民族，生活在地中海东岸，大致相当于今天的黎巴嫩和叙利亚沿海一带，曾创造过高度的文明，在公元前1世纪至公元前8世纪达到了鼎盛。

据说，腓尼基人从埃及人和苏美尔人那里学到精湛的造船工艺。这种船船身狭长，前端高高翘起，中部建有交叉的桅杆，两侧设双层樯橹，通体看起来轻巧、结实。该船主要靠船桨划行，有时拉起风帆，可同时搭载3－6人。大概由8到10只船组成一支船队。英国大不列颠博物馆珍藏的一幅反映腓尼基船队航海盛况的浮雕，栩栩如生地刻画了腓尼基人的航海特色。

在北非，至今流传这样一个故事：古埃及的法老尼科召见几位腓尼基航海勇士时说："你们腓尼基人自称最善于远航，真是如此吗？你们要说'是'，那么现在你们就进行航行，从埃及出发，沿海岸线一直向前，要保证海岸总在船的左侧，最后回到埃及来见我。到时候我有重赏，如果你们觉得做不到，就实说，我也不惩罚你们，只是以后不要妄自吹嘘善远航了。"法老深知这需开辟新航道，要冒很大风险，觉得腓尼基人不会真的去做，没想到这些腓尼基人慨然领诺，接受挑战，而且很快组织起一支船队出发了。3年过去了，他们杳无音讯，法老以为这几个狂妄的腓尼基人早巳葬身鱼腹。万没料到3年后的一天，这几个腓尼基人真的回到了埃及。开始尼科不相信他们，但他们一五一十地向法老讲了沿途见闻，还献上收集到的奇珍异宝，最后法老终于折服了。

腓尼基人的环非洲航行，堪称人类航海史上的第一次壮举。当时欧洲流行的说法是：大西洋就是世界的尽头，没有人能穿越直布罗陀海峡。但伟大的腓尼基航海勇士却跨越地中海，北抵英吉利，南达南非，进入印度洋。腓尼人无愧于世界航海业开拓者的称号。

【解读】

腓尼基人的航海取得了丰硕的成果，具有十分重要的历史意义。首先为其自己建立了海上霸权，垄断了航路和贸易。他们在地中海沿岸建立一系列商站殖民地，其中很多商站发展成了著名商城，进而成为强大的城邦国家，如北非的迦太基（今突尼斯），就曾一度威胁过罗马人。其次，腓尼基人的远航为后来的世界航海提供了第一手航海资料和宝贵的经验，同时扩大了世界各地经济、文化交流，加强了联系。

泰勒斯预言日全食

【名言】

感谢科学，它不仅使生命充满快乐和欢欣，并且给生活以支柱和自尊心。

——巴甫洛夫

【故事】

泰勒斯，古希腊哲学家、数学家和天文学家，生活在公元前7世纪和公元前6世纪之间。他出身于小亚细亚的米利都城的奴隶主贵族家庭，泰勒斯不为显赫的地位、富足的生活所诱惑，全身心地投入到哲学和科学的研究之中，终于成为一位科学泰斗。其在天文学、数学、哲学等领域都取得了骄人的成就，但最令后人称道的还是其对于公元前585

年5月28日日全食的预言。

当时的情况是：吕底亚王国与西进的米底王国（占有今天伊朗的大部）发生矛盾，双方的部队在哈吕斯河流域进行了殊死的战斗，但战争一直持续了5年，仍未决出高下。双方谁也没有罢手的意思，但两国的人民却因此陷入了痛苦的深渊。考虑到人民的疾苦，贵族出身的科学家泰勒斯决定凭借自己的智慧拯救黎民于水火。泰勒斯经过缜密地观测与推算，认定公元前585年5月28日这天哈吕斯河一带会出现日全食的天象奇观。他到处散布流言，说日食是上天反对人间战乱的警示。但没有人会把这位文弱书生的话放在心上，只不过权且当做茶余饭后的谈资罢了，根本不相信会发生什么日食。战争依旧如火如荼地进行着，但始料不及的是：公元前585年5月28日这一天，正当两国的精锐部队酣战之时，天色骤然暗了下来，最后竟然与黑夜无二，交战的人马不胜惊惧，人们又想起市井上的流言，真以为神人嗔怒要降灾祸于人间，于是迅速撤出战斗，化干戈为玉帛，重新言归于好，并且以联姻的方式巩固了和平成果。从此，泰勒斯名声鹊起，受到人们的景仰和爱戴，被称为不朽的科学家。同时，人们也百思不得其解。泰勒斯是如何预测到这次日食的呢?

原来，泰勒斯研究过迦勒底人的沙罗周期，一个沙罗周期为6585.321124日或18年又11日，约为223个朔望月。既然日、月和地球的运行都是有规律的，那么日月食的发生也就存在一定的规律性。具体而言，日食一定发生在朔月，18年11日之后日、地、月又基本回到原来的位置上，这时极有可能再次发生日食，而对天文学熟悉的泰勒斯当然知道公元前63年5月18日有过日食，由此推算出公元前585年5月28日的日食便在情理之中了。

【解读】

科学家泰勒斯用一场日全食成功地阻止了两国五年多的混战，拯救了处于水深火热的两国人民，推动两国和平发展，使两个国家平息战争，专心发展生产，变得富强。

科学是服务于现实生活的，泰勒斯也是这么做的，巧妙地利用自己的科学观测拯救了两个兵戎相见的国家。

德谟克利特提出原子理论

【名言】

科学是人类的共同财富，而真正科学家的任务就是丰富这个全人类都能受益的知识宝库。

——科尔莫戈罗夫

【故事】

德谟克利特小时候就对自然科学发生了浓厚的兴趣，热衷于学习和思考。他曾经师从波斯术士和星象家，初步了解了一些神学、天文学知识。在这一阶段，他还注意培养自己的自制力和想象力。

德谟克利特成年以后，先后游历埃及、巴比伦、印度和雅典等文明中心，学习哲学、数学和水利等。及至他回到家乡阿布德拉时已经有很高的学问，并被公推为该城的执政官。但即便在从政期间他也从未丢下对哲学、自然科学的研究工作。

德谟克利特在原子论领域作出的贡献离不开其恩师留基伯的引导和教诲。正如牛顿所说——只有站在巨人的肩膀上，你才能看得更远，取得更大的成就。德谟克利特完全继承了老师的原子学说，认为原子从来就存在于虚空之中，无始无终；原子和虚空构成了宇宙万物，原子本身是最小的、不可再分的物质粒子。“原子”一词在希腊语中的本意即为不可分割。这种观点在当时是很先进的，对后来的科学原子论的形成也有一定启发作用。

德谟克利特在继承老师的成果基础上，又进一步提出：原子虽不可分，用肉眼不能观测到，但在体积、形状、性状和位置排列的特征方面仍存在差异，他举例说水之所以能够流动，就因为水原子表面光滑，彼此之间易于滑动；而铁的形状非常稳定，则源于其原子表面凹凸不平，原子之间易于啮合而非常稳固。德谟克利特还从原子的角度解释了“生”与“死”。他说原子虽然不生不灭、不增不减，但它们所构成的化合物却由于原子的排列次序等不同而性质经常发生改变，从而使一种物质演变为另一种物质。于是人们由此产生了“生”与“死”的概念。这一点与事实基本吻合，体现德谟克利特的研究水平。

德谟克利特根据他的原子理论发展了天体演化学说。他认为在原始的宇宙旋涡运动中，质量较大的原子逐渐成为旋涡的中心，由于自身旋转而形成球状聚合体，如地球。同时质量较小的原子则围绕该中心旋转，宇宙空间的部分原子由于高速旋转而日趋干燥，最终燃烧形成恒星体。

德谟克利特理论的进步性还表现为：他否定了神的存在。他认为神是原始人由于自然知识贫乏，对自然现象解释不清而莫名恐惧才臆造出来的。他还解释说，所谓灵魂也是由原子构成的物体，一旦原子间的结合方式改变，这种物体也会消亡。

【解读】

原子理论的提出，使人们逐渐打开微观世界的大门。自从德谟克利特之后，人们的视觉逐渐转向了人们肉眼看不见的世界，为此发明出来许多的有用的科技成果，间接地推动人类社会发展，让使用这些科技成果的国家变得更加富强。

宫廷教师阿基米德

【名言】

人类用知识的活动去了解事物，用实践的活动去改变事物；用前者去掌握宇宙，用后者去创造宇宙。

——克罗齐

【故事】

阿基米德（前287—前212年），是古希腊伟大的数学家和力学专家。他出身贵族，但酷爱学习，11岁时就来到埃及的亚历山大里亚城学习哲学、数学、天文学和物理学等学科。还受到过埃拉托塞和卡农（二人均为欧几里德的学生）的亲自指点，是与牛顿、高斯齐名的伟大数学家。

阿基米德一心扑在科学研究上面，达到了忘我的境地，留下了许多佳话。比如他发现浮力定律的过程便是这样一个典型。

故事是这样的：叙拉古国王命王城的金匠打造一顶新王冠，要求纯金制作。按现在的说法也就是24K吧。但是，金匠在制造金银器皿时掺杂使假、中饱私囊在当时已是司空见惯。所以等到王冠打造完成以后，国王想到的第一件事便是如何检验王冠的纯度，但又不能破坏了近乎完美的王冠。这可愁坏了叙拉古国王和朝臣。最后大家一致决定把这道难题交给宫廷教师阿基米德来解答。

阿基米德开始也拿不出什么好办法，但没有放弃。这也许就是科学家与普通人的差距所在。有一天，他在洗澡时浴盆中溢出的水触发了他的灵感：既然人体入水愈深，溢出的水愈多，那么若是将王冠投入水中，溢出的水量也就应等于同等重量的黄金排出的水量。如若不相等，就是掺了假。想到此，他从澡盆中一跃而起，赤身裸体地跑到大街上，一边跑还一边喊："尤里卡，尤里卡（找到了）!"自己却浑然不觉。事后人们知道了事情的来龙去脉，无不感叹阿基米德专注于科研的精神。

阿基米德有一颗聪明的大脑，解决了许多复杂的问题，但有时也把问题想得十分简单。例如，在他发现了杠杆原理（力臂和力的大小成反比）后，就对国王说："在宇宙中给我一个支点，我就可以撬起地球!"而叙拉古国王笑笑说："可爱的阿基米德先生，向宙斯起誓，你说的这个支点是无论如何也不存在的。"阿基米德这才意识到自己把事情想得太理想化了。这也反映出他对自己的观点深信不疑，而且永远是那么肯定，不论在别人看来是如何荒唐。

难怪罗马历史学家普鲁塔克说："他是一个中了邪的人。"令人惋惜的是，这位智慧、可爱的阿基米德先生最后竟死于敌人的利剑之下。那是公元前 212 年的一天，罗马远征军攻破了叙拉古的城防，一名士兵闯进了他的住所，用一把利剑指向他的咽喉刚要开口，阿基米德却出人意料地说道："先等我把这个原理证完再说。"这位罗马士兵没能理解他的意思，一怒之下竟杀死了这位科学大师，给后人留下无尽的遗憾。

罗马统治者为阿基米德的智慧所折服，为他举行盛大的葬礼，将其安葬在西西里岛，并为之建造了圆柱内切球状的墓碑，以彰显他在数学上的杰出贡献。

【解读】

数学的发展，极大地推动了人类社会的发展进程，为人类创造下了数不尽的物质财富，数学的发展为人们在富强的道路上越奔越远保驾护航。

伟大的数学家阿基米德就是这样一位帮助人类致富变强的伟大数学家。

托勒密的"错误"

【名言】

科学的幻想归根结底是科学和技术的大胆创造。

——费定

【故事】

托勒密（90—168 年）生于埃及，父母都是希腊人。关于他的生平，史书记载得很少，但他的"错误"却是尽人皆知。

托勒密犯的是一个著名的错误，那便是地心说。说它是错误，那是实事求是，但同时它也是不折不扣的科学。之所以称之为科学，是因为它在科学史上的进步意义。

其实，首创地心说的是亚里士多德。托勒密全面继承了这一学术观点，同时依靠前人的积累和自己长期观测得到的数据，写成了13卷本的《至大论》。在该书中，他将地球之外的空间分为11个天层，依次为月球天、水星天、金星天、太阳天、火星天、木星天、土星天、恒星天、晶莹天、最高天和净火天。托勒密认为，各行星都围绕着自身的轴心转动，同时每个行星的轴心又以地球为中心作圆周运动。他以地球为中心的圆周为“均轮”，各行星自转的圆周为“本轮”。他还承认地球不在均轮的正中心，从而均轮都是一些偏心圆；众恒星与日月行星一道绕地球公转。托勒密所描绘的数学图景并不符合实际情况，但对于当时观测的行星运动情况解释得近乎完美，而这一理论在航海上也具有一定的实用价值。托勒密自己对这一理论体系的评价是：不具备物理的真实性，仅仅作为计算天体位置的一个数学方案而已。但人们还是接受了它，认为它是科学的。

之所以在托勒密犯下这样的错误之后，当时的世人又犯了一个错误（接受他的观点）是有一定原因的。第一，绕着某一中心作匀速圆周运动的提法暗合于当时占主导地位的柏拉图思想，与亚里士多德的物理学也是吻合的；第二，以几种圆周轨道的组合说明行星的位置和运动状况，与实际相近，相对于以前的体系而言是一种进步，还能解释行星的亮度差异；第三，地球处于宇宙中心不动的说法令人们安心，也与基督教义的说法一致。如此一来，在以后一多年的时间里，人们对此深信不疑。

直到15世纪，哥白尼才指出了这一理论的谬误。人们对于宇宙中心这个问题的认识一步步朝着正确的方向发展。不幸的是，我们逐渐认清了谁是宇宙中心的时候，不经意地又犯下了另外一个错误，那就是全面否定托勒密及其地心说。

在上海交通大学科学史系的研究生入学考试中，不止一次地出过这样一道题：“试论托勒密的天文学说是不是科学？”结果呢，大部分考生在这道题上栽了跟头，众口一辞地说它不是科学，错误的理论怎么能成为科学呢？而正确答案恰恰相反：它是科学。可见持这种错误观点的人不在少数，为什么呢？因为我们从小学到大学的教育中历史唯物主义和辩证唯物主义的精神贯彻得太少。

何谓科学？科学是一部不断进步的阶梯。今天的“正确”结论，明天可能成为悖论。如果我们否定托勒密是对的，那么哥白尼、开普勒和牛顿又将如何评判？太阳也不是宇宙中心；行星的轨迹亦非精确椭圆；“绝对时空”是不存在的，我们只能一并称之为“伪科学”，显然这是不负责任的做法。所以我们必须按照辩证唯物主义和历史唯物主义的要求，重新划定科学的界线。即具有进步意义，推动人类社会向前发展的理论就具有科学性。托勒密的理论符合这一点：第一，他肯定大地没有支托，而是悬空的；第二，认识到行星和日月是离地球较近的天体群，走出了把太阳系从众星中识别出来的关键一步。所以，我们在承认托勒密地心说是一个错误的同时，也要看到它的巨大积极意义。

【解读】

科学史上，有许多先进的科技成果是由“意外”产生的，托勒密的一个“错误”使他千古留名，虽然被证实是错误的，但在科学史上也有一定的积极意义。

古登堡发明活版印刷

【名言】

科技的唯一目的，在于减轻人类生存的艰辛。

——布莱希特

【故事】

古登堡出身铸币工人家庭，幼年习得金匠手艺，为日后从事印刷打下基础。其实，古登堡早在1434年和1444年间就开始活字印刷的探索。起初是较大的木活字，显然可以排版印刷但十分不方便，而用木板刻成较小的字模强度又跟不上，最终他想到了金属制版。当时所用的材料主要为铅锡合金，其中加入一定量的锑以提高活字强度。古登堡的功绩之一就在于他最终确定三种金属的比例搭配。

在解决了刻版的问题之后，接下来便是印制设备的问题，在克服这个难题的过程中，古登堡从当时压榨葡萄汁的立式压榨机受到启发。最终他将一台木制的压榨机改装成第一台印刷机，并且试印了一下。他先将活字字块排好，然后将其固定在印刷机的底部座台上，再用羊毛制的软毡蘸墨刷在字版上，下边铺上纸张，向下拉动铁制螺旋杆，压印板便在纸上印出字迹，最后向上摇动拉杆，抽出纸张，便告完成。效果虽不尽人意，但总可以慢慢改进以提高印刷质量。

就在第一次试印过程之中，另一个难题摆到了古登堡面前。当时他用的还是传统的水性墨，水性墨自身粘附性差，用在雕版印刷中还可，而在活字印刷中印出的字迹时浓时淡很不均匀。若是采用粘稠度较高的油性墨，效果或许会好一些，想到此，古登堡开始试制油性墨。经过反复试验，他发现将松节油精（蒸馏松树脂得到）与碳黑混合再加入煮沸的亚麻油中形成的墨质量较好，而且这种墨印出的字迹呈暗黑色，非常适合大量印刷。

至此，一整套的活字印刷技术便告完成。为了推广这项发明，古登堡于 145 年与富商富斯特合伙开办了一家印刷厂。由于当时正处于欧洲文艺复兴的上升时期，人文主义的艺术和文化空前发展，大量的读物需要印刷，古登堡等人开设的印刷厂规模迅速扩大。同时其他的印刷厂也如雨后春笋般崛起，印刷术也就自然而然地推广开来。

古登堡的活字印刷术，被广泛地使用则是源于 1462 年美因茨动乱事件。当时工厂被毁，印刷工人流离失所、各奔东西，不经意地就把活字技术带到各地，如 1468 年他们在瑞士巴塞尔，1465 年在意大利，147 年在法国，1475 年在西班牙，甚至在墨西哥都建立了印刷厂。古登堡发明的活字印刷技术在欧洲广为传播，极大地推动了文艺复兴和宗教改革的进程。到了 16 世纪以后，这种印刷技术进一步改良，其产量和质量空前提高，最终形成了庞大的近代出版业，在社会发展的进程中扮演着愈来愈重要的角色。

至于是不是古登堡首创了活字印刷尚未定论。但有资料证明古登堡确实受到过中国印刷术的影响，如芝加哥大学的钱存训教授就说："古登堡的妻子出身威尼斯的孔塔里家族，因此他见到过从威尼斯带回的中国雕版，从中受到启发又作出发展，才发明了活字印刷。但我们不可否认：古登堡确实独立发明了这项技术。

【解读】

活字印刷术，中国古代四大发明之一，给人类的出版事业提供了极大的便利，在人类史上创造了很多奇迹，现代出版社即是由此发展而来。

本故事中的古登堡也是活字印刷术的发明者，他在西方出版史上的作用是不容小觑的。

哥白尼创立日心说

【名言】

一种科学要对人类的知识有所贡献，也不必勉强人家信服。相信不相信，要看成绩，它可以耐心等待用自己的研究成果来引起大家的注意。

——弗洛伊德

【故事】

地球无时无刻不在公转和自转，这些转动是由哥白尼推动的吗？显然不是。哥白尼推动的仅仅是"地心说"中的"地球"，让它动了起来。

哥白尼出生和成长于15世纪后半叶，当时天文学正是亚里士多德

—托勒密地心说的统治时期。投身于天文学研究的哥白尼也得先学习这些学说，仔细研究、探讨大大小小的均轮和本轮体系。前期的哥白尼在教会系统学习，而地心说则是基督教义的支柱，应该说哥白尼在早期受这一学说的影响还是很深的，但哥白尼绝不是盲从主义者。

大学期间，哥白尼广泛涉猎各门学科的知识，尤其是数学领域。毕达哥拉斯学派简单的数学关系和几何图形给哥白尼留下了很深的印象。后来他又到弗龙堡作僧正，由于职务闲散，他便进行了大量的天文观测和研究，进而获得大量的第一手资料。所有这一切使他隐隐感到托勒密学说体系似乎存在一些不和谐的东西。再加上当时的一些进步的天文学家已经开始怀疑这一地心体系，哥白尼的思想又向前迈进了坚定的一步。

哥白尼认真分析了托勒密体系中行星运动状况的规律：即每颗行星都有一日一周、一年一周和相当于岁差的周期运动规律，而托勒密认为地球是静止不动的，然后再用均轮、本轮体系加以解释。如此一来，整个过程异常繁琐和牵强。如果抛弃这一体系，接受古希腊人阿利斯塔克等认为地球绕太阳转动的学说，将别有一番洞天。于是哥白尼建立起了一个全新的宇宙体系：太阳居于宇宙的中心静止不动，地球及其他行星都围绕它转动，当时人们知道太阳有六颗行星，依次是水星、金星、地球、火星、木星和土星；月球则围绕地球转动；另有其他恒星在离太阳较远的天球表面静止不动。这就是著名的哥白尼日心说。

日心说从根本上否定了“地心不动”的天文学说，明确指出地球也动，而且是围绕太阳转动。有人将这一革命性的创举戏称为“推动地球”，哥白尼被誉为能够推动地球的人。

科学的发展是没有止境的，哥白尼没有在提出这样一个观点之后就罢手，而是又继续花了3多年的时间去修正、完善这一学说。哥白尼曾写过一篇《要释》作为《天体运行论》的附属部分，系统地解惑答疑，使日心说的体系更加完备。

哥白尼的聪明之处还在于，他能够理性地去面对现实。他的这本《天体运行论》击中了基督神学的软肋，如果直接发表，很容易被教会封杀。那样自己的毕生心血就付诸东流。高明的哥白尼在书的序中写明此书献给当时的教皇，又在前言中说书中的理论仅是为方便天文测算而作的人为假设。如此一来，在表面看来这本书不仅不与基督教义对立，还是为基督教服务的工具。结果这个障眼法真的瞒了教会7多年，直到1616年《天体运行论》才被禁止。但在这么多年里，它早已经广泛传播，真正的禁毁已不可能了。最终哥白尼的学说得以流传，哥白尼胜利了，尽管他的大作出版之际，他本人已经作古。后来，诸如牛顿等人又使哥白尼的学说进一步向前发展。

【解读】

哥白尼的学说动摇了基督神学的根基，使其摇摇欲坠。人们由此看到了科学的曙光，“科学的发展从此便大踏步前进”。

哥白尼的研究成果，打开了人类研究天文学的大门，也为人类开启了一道走向富强的大门。

维萨留斯“偷尸”

【名言】

科学的目的不在于为无穷的智慧打开大门，而是在无穷的谬误前面划一条界线。

——布莱希特

【故事】

科学每前进一步都需要有人为此做出努力，付出代价，解剖学亦不例外。16世纪比利时著名的解剖学家维萨留斯就为了做解剖而干起了“偷尸的勾当”。

事情还要追溯到1536年，当时年仅18岁的维萨留斯在比利时的卢万城读书，学的是解剖学。这个医学院的解剖课倒是蛮有意思，名义是解剖但任课教师从没亲自解剖过一具尸体。那也得想办法对付过去，于是就以背诵盖伦的论断代替动手操作。这位盖伦又是怎么做的呢？他也碍于教会的禁令而不敢解剖人体，以猪、狗、牛、羊等代替，而这些动物的身体构造肯定是跟人有显著差别的。认真的维萨留斯觉得这既荒唐又可笑，简直是对科学事业的亵渎。久而久之，他萌发了偷尸做解剖的想法。

当时，卢万城有一处刑场，全国各地的死刑犯都集中到这里被处决。由于中世纪黑暗的教会统治，人们的反抗此起彼伏。为了加强镇压，教会和行政当局每天都要处死一批犯人。而且当时采用的是绞刑，因此尸体较为完整，便于解剖观察人体的各部分脏器。只是布告上写得明明白白：盗尸者，就地处决！如果偷尸被抓住，自己也就会同那些死尸一样挂在绞架上随风飘摆。可是，已被科学摄去灵魂的维萨留斯也顾不上许多。经过一番周密部署，他终于大着胆子在守尸卫兵的眼皮底下偷走几具尸体，其中有男人、女人、老人和孩子等各种类型的尸体。他把这些宝贵的尸体停放在自己院子的地下室里，那里十分隐蔽，做解剖时不易被人发现。日久天长，这里停放的尸体越来越多，成了一座小的停尸库。这大概是人类有史以来第一座医用解剖尸库。

有了这些真实的尸体作为实验对象，维萨留斯再也不用拿动物当人体了。他一有时间便关上门溜进地下室去解剖那些尸体，并作详细的记录，有时他还绘图描述人体的骨骼和肌肉的分布状况。

功夫不负有心人。维萨留斯经过不懈努力，逐渐积累了大量的第一手解剖资料，通过对这些资料的加工整理，1543 年维萨留斯写成《人体结构》一书。书中不仅对人体的骨骼、肌肉和内脏作了详细的描述，还指出了盖伦人体解剖理论的几处错误，他甚至把盖伦的文献当众抛向空中，并说它是一堆废纸。他曾指着一个解剖标本，语重心长地对学生说：“真正的知识在这里！”有人说维萨留斯太刻薄，殊不知这正是科学进步所需要的精神。

【解读】

维萨留斯冒着生命危险，偷尸做实验，获得了真知，为医学做出了巨大贡献，因此也赢得了人们的尊敬。当局也逐步认可了维萨留斯的做法，于1539年批准了他用死刑犯的尸体做解剖实验。从此以后，维萨留斯在这一领域获得了长足的进步。

维萨留极大地推动了人类医学的发展，为人类的身体健康保驾护航，更积极地投入到创造社会财富中去。

比萨斜塔上的实验

【名言】

科学始终是不公道的，如果它不提出十个问题，也就永远不能解决一个问题。

——萧伯纳

【故事】

实践出真知，谁要是违背了这条真理，谁就注定要在科学面前栽上一个大跟头，哲学大师亚里士多德都不能例外。

原来，古希腊著名的哲学大师亚里士多德曾作出这样一个著名论断：两个铁球，如果其中一个是另一个重量的1倍。然后两个铁球在同一高度同时落下，那么重的铁球落地速度必然是轻的铁球的1倍，这话并不难理解：重的物体当然比轻的物体先着地，这还用问吗？而且这话是大师说的，人们对此深信不疑。而一个十七八岁的毛头小伙子偏不信这一套，招来人们一阵又一阵的冷嘲热讽。

这个毛头小伙子就是18岁的伽利略。他经过多次实验发现亚里士多德的说法是不对的，但当时没有人相信他，159年的一天，伽利略当众宣布自己要检验一下圣哲的话是否正确。这天天气格外晴朗，好像老天也要见证一下这个历史时刻，地点就选在著名的比萨斜塔。消息传出，人们奔走相告。时过不久，比萨斜塔周围便密密麻麻地挤满了人，就像当天的某种大赛事要开场一样。人们要亲眼看看大师的话到底对不对。

伽利略带着他的助手，信心十足地步入斜塔，然后快步走上塔的最高层。他环视四周，人们的面孔有的充满惊奇，有的则略带嘲讽，还有的漠然以待。伽利略不慌不忙将器具一一取出。这些器具包括一个沙漏(用于计时)，一个铁盒，底部可以自动打开，还有两个分别重为1磅和10磅的铁球。伽利略的助手将这两个铁球装入盒子，然后将盒子水平端起，探身到拦杆的外侧。最后由伽利略在众目睽睽之下按动按钮，盒子的底部自动打开，两个铁球同时从盒中脱落，自由落向地面。这时成千上万的人全都屏住呼吸，目光随着铁球向下移动，在铁球从铁盒落到地面的短暂间隔中，人群异常安静，地上连掉一根针都能听到。只听“咚”的一声，两个铁球同时砸到了地面上，时间不差分毫。平静的人群立即沸腾了，有的人对着塔上的伽利略欢呼，有的人惊得合不拢嘴，那副神情分明在说：“我的上帝，亚里士多德大师也有错的时候!”伽利略则浑身轻松，心满意足地微笑着。

自由落体实验在人们的一片沸腾声中结束了，亚里士多德的“落体运动法则”不攻自破。可敬的伽利略并没有为这点小小成绩（在他看来，这仅仅是一点小小的成绩）而飘飘然，从塔上下来后，他就投入到新的科学研究中。

凭着这种追求真理、尊重实践的科学精神，伽利略又接连作出一系列的重大发现。他发现了摆的等时性原理，从而发明了钟表；他在李希普发明望远镜的基础上发明了放大2倍率的天文望远镜。他著有《论运动》、《关于托勒密和哥白尼两大世界体系的对话》、《关于两种新科学的对话》、《关于太阳黑子的通信》和《关于力学和位置运动的两种新科学的对话和数学证明》等科学专著。伽利略为科学事业作出巨大贡献，被称为近代自然科学的奠基人。

【解读】

伽利略敢于置疑亚里士多德的研究成果，为此还在众人面前亲自做科学实验，最终证明他是对的，作为科学泰斗的亚里士多德是错的。

伽利略又为人类科学史纠正了一个错误，同时也为人类创造物质财富的道路上添了一块厚实的基石。

让人类告别黑暗

【名言】

我不能说我不珍视这些荣誉，并且我承认它很有价值，不过我却从来不曾为追求这些荣誉而工作。

——法拉第

【故事】

提起法拉第，不得不提起电磁感应，法拉第制造了世界上第一台电磁感应发电机，开拓了人类电气新时代。1791 年 9 月 28 日，法拉第出生于英国伦敦近郊的一个小村子里，法拉第的父亲是个铁匠，从小他是听着叮当的锤声长大的。到了上学的年龄，因为贫穷，法拉第没能进入学校，相反，他按照父亲的意愿成了一个手工艺工人，就这样，从小法拉第就不知道校园是什么滋味。

13 岁时，法拉第在一家书店的装订厂成为一名学徒。走进了书的海洋，小法拉第猛然间发现自己的世界大了，他从没想到世上竟有这么多奇妙的自己不知道的事物。法拉第欣喜若狂，他将全部热情投入到了读书中，尤其是在《大英百科全书》读到了有关的电学知识后，小法拉第更是发现了自己的兴趣所在，他用自己仅有的一点钱购买来简单的实验仪器，决定为科学奋斗终生。法拉第读了许多书，从初级到高级，他读哲学书也读科学书，即使那些根本读不懂的书，法拉第也不厌其烦地把它读下去。他最喜欢的是一本有关化学实验的书，尽管要想读懂此书是如此不易。法拉第依照书上的介绍一个挨一个地做实验，那些日子简直是他最快乐的日子。

1810年的一天，法拉第路过一个店铺，店铺的窗户上贴了一个告示：每晚6时将有关于自然哲学方面的演讲，每次的听课费是一先令。钱不能算多，但对法拉第来说，他还是被难住了，是哥哥发现了法拉第的困难，他拿出钱来，支持弟弟去听讲。从此，法拉第多次到那里去听讲，每一次听讲他都仔细做了笔记，甚至为画好图，他还专门向一位美术家学了画画。

1812年，21岁的法拉第有幸听到了著名化学家戴维的4次演讲，他陶醉了。思索再三，法拉第给戴维写了一封信表示了他渴望做科学研究的愿望，并随信附上了他精心整理的听课笔记。戴维被法拉第打动了，他推荐法拉第到皇家科学院实验室做他的助手。

戴维为法拉第创造了机会，但是法拉第之所以能成功，最主要还是靠他的勤奋。他几十年如一日，勤奋地工作着，从未停止过他的研究。他失败过，甚至失败得很惨，但他从不服输，跌倒了，再爬起来，一次比一次更用心，一次比一次更勤奋。

法拉第把自己的全部都献给了科学事业，他性格坚韧，勇于探索，勤奋使他获得了很大成就，但是他却从未因此而骄傲过。1851年，英国皇家学会一致推选他为会长，英王还授予他爵位，他都坚决地推辞了。他退休以后一直和妻子一起过着平民的生活，最后安静地死在他的书房中。按照他的遗嘱，人们把他的遗体安葬在海洛特平民公墓。但是人们还是永久地记住了他，为了表彰他对科学的贡献，人们用他的名字命名了电容的单位。

【解读】

法国作家大仲马说："我不知道还有没有像法拉第那样的科学家，他把许多造福于人类的成就，作为赠与后辈的遗产，而自己并不觉满足。但我敢肯定地说，凡是知道他的人，都希望自己成为一个道德上的完人。种种美德使这位高尚、伟大的物理学家的人格具有一种罕见的魅力。"

居里夫人与镭

【名言】

如果能随着理想而生活，本着正直自由的精神，勇往直前的毅力，诚实不自欺的思想而行，一定能臻于至美至善的境地。

——居里夫人

【故事】

居里夫人（1867—1934年），原名玛丽亚·斯可罗多夫斯卡，出生在俄国沙皇统治下的华沙。她通过努力学习，拿到了两个学位证书。她在放射性物质领域进行不懈地探索，发现了镭和钋两种元素，并提出了“放射性”这一术语，虽然发现了放射性元素，但是居里夫人放弃了对镭元素提炼方法的专利，而是把专利让给了世人。她是世界上唯一一位两次获得诺贝尔奖的女性科学家，后人为了纪念她称她为镭的母亲。

玛丽亚的童年充满了更多的艰辛，她1岁那年，妈妈和大姐因病去世。这对玛丽亚来说，是一个巨大的打击。但是玛丽亚没有被击倒，而是同父亲一起积极地生活。

玛丽亚的父亲是一名物理教师，这对玛丽亚来说是一种资源，而父亲的实验工具更可以让玛丽亚随意地学习、实验。玛丽亚在24岁的时候通过巴黎学院的考试，终于在大学里找到了自己的位置。玛丽亚经常在学校的图书馆里刻苦地学习，看书入迷时会忘记吃饭，竟然晕倒在图书馆。她住的房子破烂不堪，在冬季更是冷得刺骨。但玛丽亚没有屈服。来到巴黎学院两年，她参加了物理学士学位的考试，并以第一名的成绩通过考试，第二年以第二名的成绩通过数学学士学位的考试。1894年她与法国物理学家皮埃尔认识并结成了夫妻。

1898年，法国物理学家贝可勒尔在含铀这种元素的矿物质中发现这种矿物质能够放出一种射线，但是他却解不开这种射线的秘密。居里夫人与皮埃尔知道后就开始对这种矿物质进行研究，但是却苦于没有实验室。后来经过皮埃尔多次申请，校长才勉强批了一间破烂的小屋作为他们的实验室。而这间小屋在夏天就像火炉，冬天就是冰窖。当他们第一天搬进这个小屋的时候只有两把椅子，皮埃尔认为太少，客人来了没有地方坐，居里夫人则说："这样也好，可以有更多的时间进行研究。"

当她在研究铀盐矿石的时候，认为不可能仅仅只有铀矿能放出射线，于是她找来所有能接触到的金属矿物质并根据元素周期律逐一进行测定，结果在钍的化合物中也检测到射线。居里夫人确定，不光世界上还有其他的元素能够放出射线，因此与比埃尔商量给这类元素取个名字，最后居里夫人建议用这镭元素的特征进行命名，就叫放射性元素。

她发现沥青铀矿里的放射性比铀大得多，而已知的元素并没有这么大的放射性，因此他们决定找出这种元素，这种元素只有在沥青铀矿中才能找到，但这种沥青铀矿十分贵，当时他们根本没钱。最后，他们认为研究沥青铀矿的废渣中也含有这种未知元素。奥地利政府听说后就提供给他们一吨铀矿废渣。于是两人开始了提炼这种新元素的实验，在高温、刺鼻和臭味下的 3 年里，皮埃尔曾经想放弃，但是玛丽亚一直相信自己的工作就要得出结论，最后两人开始分工，皮埃尔负责新元素的性质分析，玛丽亚对新元素进行提炼。皇天不负有心人，他们终于发现了新的放射性元素 84 号，比铀强 4 倍，类似铋，居里夫人以钋命名，表达了她对祖国波兰的热爱。不久，她又提炼出 0.12 克新元素，并命名为"镭"，同时测得镭的原子量为 255。新元素的发明开启了人类现代化的医疗事业，193 年，居里夫人夫妇与贝克勒尔共享了诺贝尔物理学奖。

196 年，皮埃尔因为车祸去世，居里夫人尽管十分伤心，但是她依旧执着地进行着自己的研究，并成为巴黎学院理学院的第一位女教授。191 年，她的《论放射性》一书出版。居里夫人在化学和医学方面一样在发挥着她的聪明才智，她用放射性元素研究了人类癌症的治疗方法。鉴于她在化学、医疗以及对镭与钋发明方面的贡献，1911 年，她获得诺贝尔化学奖。她是世界上唯一两次获得诺贝尔奖的女性。

居里夫人一生共得了1项奖金、16种奖章、17个名誉头衔，特别是两次诺贝尔奖。但她对于名誉却不是太在乎，在很多人的眼里，玛丽亚是一个“贫困的妇人”，她将自己的财富和名誉看得十分轻，仿佛那些东西都不是自己的。

【解读】

居里夫人开启了2世纪人类真正意义上的现代化。她平和坚强，对人类的科学、医疗等事业的发展贡献出了自己的全部力量。她淡泊名利，把自己的发现完全贡献给了自己的热爱着的世界。

霍金探索宇宙的奥秘

【名言】

疾病是可怕的，但是更可怕的是人心的绝望和失望。

——霍金

【故事】

史蒂芬·霍金出生于1942年1月8日，这个时候他的家乡伦敦正笼罩在希特勒的狂轰滥炸中。霍金和他的妹妹在伦敦附近的小镇上度过了自己的童年。霍金的父母都受过正规的大学教育，父亲是一位从事热带病研究的医学家，母亲则从事过许多职业。霍金在这个家庭氛围良好的环境中成长起来。

霍金最喜欢玩火车模型、飞机模型等机械玩具，他并不是简单地去玩，而是想方设法弄明白它们的控制原理。霍金还自己设计一些游戏，当然这些游戏也是相当复杂的，不费一番脑筋是不可能会玩的。霍金做作业时，最不喜欢别人在旁边提示，无论多么难的题，他都要独立去完成，所以，同学们都称他为“我们的小爱因斯坦”。

父亲希望霍金学习生物学和医学，将来继承自己的事业，而霍金却坚决地说：“不，爸爸，我喜欢数学和物理，我的理想是当科学家。”霍金要自己安排自己的命运。1959 年，17 岁的他考进英国牛津大学学习物理。有一次，教电磁学的老师留下 13 道相当难的习题，让同学们做，并说能做多少就做多少。有几人费了好大的劲儿才做出 1 道题，多数人都泄气了，说：“太难了！再也做不下去了……”而霍金却一口气做出 10 道题，并满怀遗憾地说：“真糟糕，还有 3 道题做不出！”同学们都惊讶地说：“做出 10 道题？天啊！霍金，你好像来自不同的星球。”

1962 年，霍金从牛津大学毕业，以优异的成绩考入剑桥大学研究生院，继续学习物理学，不断地向科学高峰攀登。

19 世纪 60 年代，由于天文学的一系列新发现，激发了天体物理学的研究。霍金正逢其时，黑洞研究使他初露头角。霍金将热学引入黑洞的研究，这大大加深了对黑洞的认识。这时，霍金认为，可能存在一种“微型黑洞”。这种黑洞很小，有的会小到像质子或中子那样的大小。按照现代物理学的理论，当物体小到这样的程度，它应服从量子力学的规律。霍金的进一步研究表明：黑洞可以蒸发；黑洞越小，它蒸发得越快。1 个 1 亿吨（个头与质子大小相当）的黑洞要用 1 亿年的时间才能蒸发干净，而最后 0. 1 秒内所释放的能量相当于 1 万颗百万吨级的氢弹爆炸。这就是说，我们是不是应该仔细地进行天文观测，力图在宇宙空间找到这种“微型黑洞”而加以利用呢？

霍金对“大爆炸”理论研究有很大贡献。他认为，宇宙起源于一个“奇点”，“奇点”处的爆炸产生了粒子和能量，粒子间的作用产生了星云，进而演化到我们今天的世界。今天的宇宙仍在膨胀着，将来的宇宙可能将继续膨胀下去，也可能在膨胀到极限时转而收缩至当初形成宇宙的那个“奇点”。看上去这好像很有趣，然而，这就是今天人们对宇宙的认识水平。由于霍金在天体物理学研究上取得的成绩，他获得 1978 年的“爱因斯坦奖”。198 年他又当上了“三一学院”卢卡斯讲座的教授。牛顿曾经是该讲座的教授。现在，霍金已快 60 多岁了，尽管身体残疾，他仍经常旅行、演讲、著述。他的《时间简史》已发行几千万册，被译成多种语种。由于霍金那富于传奇色彩的奋斗经历，他的《时间简史》还被搬上银幕。人们看到了黑洞和基本粒子的画面，听着霍金敲打计算机键盘和计算机合成后的声音，人们为现代物理和宇宙理论的深奥所震慑，为人类的智慧所感叹，并且更加佩服霍金在承受巨大的痛苦时仍在攀登科学高峰所表现出的伟大精神。

【解读】

霍金提出了黑洞理论同时还证明了黑洞的面积定理。他的一生富有传奇性。他在 1988 年撰写的《时间简史》更是一篇宇宙学的权威著作。

牛顿发现万有引力定律

【名言】

科学给人自由，以反抗自然法则。它致力于把自然力量的魔杖交到人手中；它要使我们的精神摆脱万物的奴役。

——泰戈尔

【故事】

1665 年的夏天，伦敦城里发生了大瘟疫，而英格兰的沃尔斯索普乡下依然平静如常。一处不大的农家小院，院角几株多年的苹果树在习习的晚风中轻舞，树叶簌簌飒飒地撩拨着。房间里昏黄的灯光依旧亮着，一切静谧、安详。忽然，“咚”的一声闷响打破了沉寂，屋中灯下的读书人赶忙开门冲了出来，四周张望并未见一个人影，正在纳闷儿，“咚!”又是一下子，这回不巧，不知什么东西正砸头上，这人顿感一阵眩晕。良久，他抬头看见了枝头树叶时隐时现的苹果，不觉笑了。这个人便是牛顿。

牛顿 1642 年生于英格兰贝蒂林肯郡的农民家庭，幼年经历坎坷。

他19岁考入剑桥大学特里尼蒂学院，23岁获得文学学士学位。第二年6月，由于躲避瘟疫回到乡下，直至1667年重回剑桥大学。两年时间里，构思了经典力学、微积分和光学等学科的思想。1668年牛顿获硕士学位，第二年被破格提升为数学教授，年仅27岁，担任此职务前后达26年。175年，英女王授予牛顿爵士头衔。他于1727年3月2日逝世，享受国葬待遇，与英国历代君主和名人长眠于威斯敏斯特教堂。

由此可见，牛顿绝不是仅仅被苹果砸了一下就猛然悟到了万有引力定律，而是有着深厚的知识背景和超乎寻常的探索精神，在看到了苹果落地之后，也不是一下子悟出了什么定律，而是在一系列的计算推导后才得出这一具有历史意义的科学结论。

牛顿在解决为什么苹果要落地而月亮却可以绕地球旋转不停的问题的时候，没有像他的前人那样依靠大量的观察测得数据，再进一步找出答案，而是主要靠思考与数学推导。大体思路为：先求出月亮绕地球飞行的速度，这个速度由月亮绕地球轨道周长除以其绕地球周期得到，代数表达式为V月=2πr/T。在此基础上求得月亮的向心加速度，即月亮绕地球飞行速度的平方除以其轨道半径，代数表达式为a月=（V月）2/r。根据已知的数据（月球的公转周期为27.3天，月球绕地球飞行速度为3.8×18米/秒）解得此式结果为27米/秒。这一结果适用于月亮，那么苹果呢？由于其自身重量相对于地球可忽略不计，它的加速度就应等于自由落体加速度为9.8米/秒2，再根据开普勒三定律就可得出苹果和月亮二者重力加速度关系。最终得到$F=GMm/r^2$，即物体间彼此都有吸引力。这种力的大小仅与它们各自的质量和它们之间的距离相关，这就是著名的万有引力定律。

【解读】

牛顿万有引力的发现，是人类科学史上最伟大的发现。直至现在，人类依然认为这是个史无前例的人类科技大进步。

万有引力的发现，使人们打开了引力的大门，迈向了一个崭新的时代，极大地推动了人类的历史进程。

列文虎克发现微生物

【名言】

神奇的预言是神话，科学的预言却是事实。

——列宁

【故事】

安东尼·冯·列文虎克与前面所讲到的科学家有一点不同，那就是他是一位业余科学家，但也有一点相同，那便是同样有着非凡的成就。

列文虎克，1635 年 7 月 18 日生于英格兰南部威特岛的弗雷施特瓦，从小善于动手制造，后因家道中落而寄人篱下，但勤于读书学习，并能够学以致用制造各种机械装置。他于 1653 年开始在牛津大学学习，后又作为波义耳的助手工作，其才华得到充分展现。

列文虎克最早发现微生物，这也得益于他长于机械制造。正所谓工欲善其事，必先利其器。列文虎克发现微生物的“器”就是显微镜。他一生制造过 4 多架显微镜，其中倍数最高的达到 2 –3 倍。当时的显微镜结构较为简陋，主要包括镜座、镜柱、粗大的镜筒、目镜和物镜。与现代显微镜相比，列文虎克的显微镜样子粗笨厚重，且只有一个物镜镜头，又不能调节视距，但列文虎克就用它进行了一系列观察试验，发现了许许多多令人震惊的微生物。

列文虎克用显微镜观察过雨水、污水、血液、辣椒水、酒、头发、牙垢等物质，并且对观测结果津津乐道：“在我偶尔观察一颗水滴时，非常惊奇地看到许许多多不可思议的各种微小的生物。有些微生物的身长为其宽度的 3 –4 倍，据我判断，它们的整个厚度比虱子身上的毫毛厚不了多少。这些小生物具有很短很细的腿，位于头部的前面靠近最后的部分，附有一个明显的球状物体。依我判断，这最后部分是稍微分叉的。”这便是列文虎克对水中细菌的细致描述。除此之外，他还公布了其他发现。

1668年，列文虎克将鱼尾作了切片，拿到显微镜下观察，竟发现了上面的毛细血管，在镜头中可以清晰地看到涌动的血液经过这些毛细血管从动脉流到静脉，列文虎克欣喜若狂：原来意大利生物学家马尔比基关于毛细血管的论断完全正确，英国人哈维对血液循环的描述也可以更加完善了。

对于微生物的观察，列文虎克乐在其中。他于1675年在青蛙的脏器中发现了寄生虫，这引起了动物学界的极大兴趣。到了1677年，他进一步研究了动物的有性生殖，在显微镜的镜头中，他首次在动物和人的精液中发现了活泼、弯曲前进的微动物——精子。他还进一步猜想，在精子的头部可以找到真正的胚胎，这些胚胎会在将来形成生命个体，可惜他想错了。

列文虎克还作出了一项敦促人们形成良好生活习惯的发现。那是1669年，列文虎克在一位不爱刷牙的人口腔中发现，“在一个人口腔的牙垢里生活的生物，比一个王国的居民还多”。此言一出，舆论哗然，牙膏的销售量猛增。

【解读】

列文虎克发现微生物开拓了人们探索的领域，使人们对于自身和周围的事物有了一个全新的认识，促进了近代医学和其他学科的进一步发展。

微生物的发现，极大地促进了人类医学的进步，减少了疾病，增大了人类治愈疾病的机会，为人类能够创造出更多的物质财富做了有力的支持。

富兰克林发明避雷针

【名言】

科学，绝非富于神秘色彩的号角，而仅仅是人们手中改造世界的工具。

——约翰·伯纳德

【故事】

避雷针，不是什么新鲜玩意儿。今天，几乎每栋大楼都安装它。其实，很久以前它就进入了人们的生活。

据唐代文献记载，我国在汉朝就出现了避雷针的雏形。只不过它是以另外一种方式为人们所接受：将一片铜制鱼尾瓦置于屋顶以避邪，防天火。其实防天火就是避雷，因为雷击建筑易发生火灾。

再者，可以从我国的某些建筑装饰传统中找到避雷针的影子。如一些古代建筑的屋脊两侧，各探出一个龙头，作吞云吐雾状，蔚为壮观。这一构思仅仅为了装饰吗？其实吐出的龙舌根部连接一根细细的金属丝循墙边直通地下。这是一个设计巧妙的避雷针。

从我国古代关于避雷针的应用实践不难看出其工作原理并不复杂，但在现代避雷针的发明过程中，却有人付出了相当的代价。

1752 年 6 月，暴风雨的一天，富兰克林带着儿子威廉，手里拿着一个刚刚做成的硕大的风筝，并且风筝上面装有金属线，但系在金属线一端的长绳却是麻绳。富兰克林父子在暴雨狂风中将风筝升到空中，偶尔的过路人对此十分不解，“平时都好好的，怎么一下子疯到这个地步！”富兰克林对此全然不顾，一边拽紧风筝线，一边招呼着不远处的儿子。风太大了，风筝在空中活像个醉汉，飘忽不定。突然一道耀眼的闪电劈开天幕，掠过风筝。同时富兰克林紧拽风筝线的手一阵麻木。他意识到自己被闪电击中了。他又做了几次类似的实验，将闪电引入并贮存在莱顿瓶中带回实验室。

富兰克林称自己收集的闪电为雷电，并用它做了各种常规的电学实验，发现雷电与人工摩擦产生的电毫无二致。不久，他公开宣布天空的雷电和人造电是同一种东西，以无可辩驳的事实揭穿了“雷电是上帝发怒”的谎言。

风筝实验的成功引起了各国科学家的广泛关注。在富兰克林实验的第二年，俄国科学家利赫曼重复了该实验，不幸被雷电击中致死，为电学实验付出了生命的代价。富兰克林闻听此事十分伤感，但一天也没有停止电学实验。几经失败，他制成了第一根现代避雷针。它构造十分简单：一根几米长的金属杆固定在屋顶上，但杆子与屋顶之间用绝缘材料隔开，杆子底端拴一根粗导线直通地下。它的工作原理是，当雷电经过房屋附近时，电流会沿着金属杆通过导线直通大地，从而得以保全房屋。

避雷针发明以后，于第二年（1754 年）投入使用，但保守的人认为这不祥，会招致灾难。但事实给这些人上了生动的一课。一场暴风雨过后教堂被击中起火，而与之毗邻的高层建筑却安然无恙。谣言被戳穿，避雷针很快传播到世界各地。

避雷针本身并不复杂，却具有很强的实用价值。这正是怀念其发明者——富兰克林的重要原因。1790 年 4 月 17 日夜里 11 点，富兰克林去世，享年 84 岁。他生前威名赫赫，死后的墓碑上只刻着这样几个字："印刷工富兰克林。"

富兰克林不但是一位优秀的科学家，还是一位十分杰出的社会活动家，同时，他还特别重视教育，他兴办图书馆，创立了多个协会来提高各阶层人的文化素质。北美独立战争爆发后，他参与了第二届大陆会议，并参与起草了《独立宣言》。

【解读】

富兰克林发明了避雷针，极大地减少了因为雷击造成的伤亡事故。避雷针的发明，是一项新的科技成果，使人类摆脱了被雷电击扰的难题。

毕昇发明活字印刷

【名言】

生活里没有书籍，就好像没有阳光；智慧里没有书籍，就好像鸟儿没有翅膀。

——莎士比亚

【故事】

毕昇活字印刷术的发明，是印刷史上的一次伟大革命。早先印书，都是把书刻在整块整块的木板上印。众师兄弟听说毕昇发明了活字印刷，印刷效率一下子提高了几十倍，大家纷纷向毕昇取经。

毕昇一边演示，一边讲解，毫无保留地把自己的发明介绍给师兄弟们。他先将细腻的胶泥制成小型方块，一个个刻上凸面反手字，用火烧硬，按照韵母顺序分别放在木格子里。然后在一块铁板上铺上黏合剂，按照字句段落将一个个字印依次排放，再在四周围上铁框，用火加热。待黏合剂稍微冷却时，用平板把版面压平，完全冷却后就可以印了。印完后，把印版用火一烘，黏合剂熔化，拆下一个个活字，留着下次排版再用。

师弟们禁不住啧啧赞叹。一位小师弟说："《大藏经》5000 多卷，雕了 13 万块木板，一间屋子都装不下，花了多少年心血！如果用师兄的办法，几个月就能完成。师兄，你是怎么想出这么巧妙的办法的？"

"是我的两个儿子教我的！"毕昇说。"你儿子？怎么可能呢？他们只会'过家家'。""你说对了！就靠这'过家家'。"毕昇笑着说，"去年清明前，我带着妻儿回乡祭祖。有一天，两个儿子玩过家家，用泥做成了锅、碗、桌、椅、猪、人，随心所欲地排来排去。我的眼前忽然一亮，当时我就想，我何不也来玩过家家：用泥刻成单字印章，不就可以随意排列，排成文章吗？哈哈！这不是儿子教我的吗？"

师兄弟们听了，也哈哈大笑起来。

"但是这过家家，谁家孩子都玩过，师兄们都看过，为什么偏偏只有你发明了活字印刷呢？"还是那位小师弟问道。

好一会，师傅开了口："在你们师兄弟中，毕昇最有心。他早就在琢磨提高工效的新方法了！冰冻三尺非一日之寒啊。"

"哦！"师兄弟们茅塞顿开。

【解读】

毕昇发明了活字印刷术，把人类印刷书本的速度提升了几百倍。印刷术的发明，极大地促进了书本的流通，也让更多先进的致富知识得到广泛的传播，为人类走向富强打下了坚实的基础。

郑和七次下西洋

【名言】

国家欲富强，不能置海洋于不顾。财富取之于海，危险亦来自海上。

——郑和

【故事】

明成祖用武力从他侄儿手里夺得了皇位，有一件事总使他心里不大踏实。皇宫大火扑灭之后，并没有找到建文帝的尸体。那么，建文帝到底是不是真的死了？京城里传说很多，有的说建文帝并没有自杀，趁宫里起火混乱的时候，带着几个侍从太监从地道里逃出城外去了；别的地方传来的消息更离奇，说建文帝到了什么什么地方，后来还做了和尚，说得有鼻子有眼睛，使明成祖不得不怀疑。他想，如果建文帝真的没死，万一他在别的地方重新召集人马，用朝廷的名义讨伐他，那不是太可怕了。为了把这件事查个水落石出，他派了心腹大臣，到各地去秘密查问建文帝的下落，但是又不好公开宣布，就借口说是求神仙。这一找，就找了二三十年。

明成祖又想，建文帝会不会跑到海外去呢？那时候，我国的航海事业已经开始发展起来。明成祖心想，派人到海外去宣扬国威，跟外国人做点生意，采购一些珠宝，顺便探听一下建文帝的下落，岂不是一举两得。

这样，他就决定派一支队伍，出使国外。让谁来带这支队伍呢？当然非得是自己的心腹不可。他想到跟随他多年的宦官郑和，倒是个挺合适的人选。

公元145年6月，明成祖正式派郑和为使者，带一支船队出使“西洋”。那时候，人们叫的“西洋”，并不是指欧洲大陆，而是指我国南海以西的海和沿海各地。郑和带的船队，一共有二万七千八百多人，除了兵士和水手外，还有技术人员、翻译、医生等。他们乘坐六十二艘大船，这种船长四十四丈，宽十八丈，在当时是少见的。船队从苏州刘家河出发，经过福建沿海，浩浩荡荡，扬帆南下。

郑和第一次出海，先到了占城（在今越南南方）接着又到爪哇、旧港（在今印度尼西亚苏门答腊岛东南岸）、苏门答腊、满剌加、古里、锡兰等国家。他带着大批金银财物，每到一个国家，先把明成祖的信递交国王，并且把带去的礼物送给他们，希望同他们友好交往。许多国家见郑和带了那么大的船队，态度友好，并不是来威吓他们，都热情地接待他。

郑和这一次出使，一直到第三年九月才回国。西洋各国国王趁郑和回国，也都派了使者带着礼物跟着他一起回访。在出使的路上，虽然遇到几次惊涛骇浪，但是船上有的是经验丰富的老水手，船队从没出过事。只是在经过旧港的时候，却遇到了一件麻烦事。

旧港地方有个海盗头目，名叫陈祖义。他占据了一个海岛，纠集了一支海盗队伍，专门抢劫过往客商的财物。这回听到郑和船队带着大批宝物经过，分外眼红，就和同伙计议，表面上准备迎接，趁郑和不防备，就动手抢劫。

这个计谋被当地人施进卿得知，他偷偷地派人到船队告诉了郑和。

郑和心想，我手下有二万兵士，还怕你小小海盗？既然你要来偷袭，就非得给你点教训不可。他命令把大船散开，在旧海港口停泊下来。命令船上的兵士准备好火药、刀枪，严阵以待。

夜深的时候，海面上风平浪静，陈祖义带领一群海盗乘着几十艘小船直驶港口，准备偷袭。只听到郑和坐船上一声火炮响，周围的大船都聚拢过来，把陈祖义的海盗船围住。明军人多势大，早有准备，把陈祖义杀得大败。大船上的兵士丢下火把，把海盗船烧着了。陈祖义想逃也逃不了，只好乖乖地当了俘虏。

郑和把陈祖义捆绑了起来，押回中国。到了京城，向明成祖献上了俘虏。各国的使者也会见了明成祖，送上大批珍贵的礼物。明成祖见郑和把出使的任务完成得很出色，高兴得眉开眼笑。

后来，明成祖相信建文帝确实是死了，没有必要再去寻找。但是出使海外的事，既能提高国家的威望，又能促进跟西洋各国的贸易往来，好处很多。所以打那以后，一次又一次派郑和带领船队下西洋。从公元145年到1433年的将近三十年里，郑和出海七次，前前后后一共到过印度洋沿海三十多个国家，最远到达非洲的木骨都束国（在今索马里的摩加迪沙一带）。到郑和第六次出使回国的那年，明成祖得病死了。他的儿子明仁宗朱高炽即位后，不到一年也死了。继承皇位的明宣宗朱瞻基，是一个八九岁的孩子，由祖母徐太后和三个老臣掌权。大臣们认为郑和出使七次，国家花费太大，到国外航行的事业就停了下来。

郑和的七次航行，表现了我国古代人民顽强的探索精神，也说明当时我国航海技术已经有很高的水平。通过郑和出使，促进了我国和亚非许多国家的经济文化交流和友好往来。直到现在，那些国家里还流传着郑和的事迹。

【解读】

郑和七次下西洋，加强了我国同其他国家的交流，带回了其他国家的先进技术和产品，间接地促进了我国科学文化的发展，打开了国人开眼看世界的大门。

郑和下西洋，使我国迈出了探索世界的一步。

莫尔斯发明电报机

【名言】

作出重大发明创造的年轻人，大多是敢于向千年不变的戒规、定律挑战的人，他们做出了大师们认为不可能的事情来，让世人大吃一惊。

——费尔马

【故事】

1832年1月1日这一天一艘从法国北部的勒阿弗尔港驶向纽约的游船正在大海上正常航行着，这艘船名叫“萨丽号”，当时的游船上满载了旅客。当“萨丽号”邮船慢慢驶出英吉利海峡，进入广大的大西洋时。意外发生了，走在途中的这艘船遭遇到了前所未有的风暴袭击。风浪中“萨丽号”不断地在波峰浪谷中颠簸，乘坐这艘船的许多人都开始出现了晕船的症状，其中就包括正乘坐这艘船的美国著名画家莫尔斯，他也觉得自己十分难受，甚至想要呕吐。

坐在船舱中感到不适的莫尔斯决定出去走动一下，也许能好受些。于是他来到船长室，他看到这时的船长正坐在椅子上观望着天气，便走过去与之攀谈。他们谈论着这场风暴。莫尔斯询问船长，是否他们每次遇到风暴，他们就一点办法都没有了呢？怎样能使船不受到影响呢？

船长的回答竟然是“毫无办法”。他告诉莫尔斯，每次他们遇到这种情况就只能听天由命了，他们能做的只有等待了，就算是大智大勇的哥伦布还是对大自然的戏弄没有任何办法，他又能怎么样呢？莫尔斯听着船长讲述着哥伦布航海的故事，看着那肆虐的大海，内心之中开始感觉得到有些悲哀。的确，在这无边无际的大海之中，一艘船和一个人又怎么会敌得过庞大的大自然。在这次旅途中，莫尔斯意外地结识了一位来自波士顿城的医生杰克逊，同时他也是一位电学博士。在两人的闲聊的过程中，话题逐渐由暴风雨转到了电磁感应现象上。作为画家的莫尔斯并不了解什么叫电磁感应，但是，他在和杰克逊的谈话中也逐渐地了解到了他想要知道的答案。谈话中杰克逊首先从自己的旅行口袋中取出一块马蹄形的铁块以及一些电池等工具。接着他用最为通俗的语言对莫尔斯说道：“这就叫电磁铁。在没有电的情况下，它没有磁性；通电后，它就有了磁性。”

莫尔斯看到杰克逊的解释感到十分的新奇，仿佛看见了一个奇妙无比的新天地。于是，他接下来向杰克逊请教了许多有关电的基础知识。从此以后，莫尔斯开始对电来了兴趣。突然有一天夜里，莫尔斯突然想到，既然电的传递速度是那么的快，并且能够在一瞬间就可以传到千里之外，加上电磁铁在有电和没电时能作出不同的反应。利用它的这种特性不就一定可以传递信息了嘛。这时他又联想起船长所讲过的哥伦布的故事。于是他便想到，要是能够利用电的这种特性来传递信息的话，说不定可以拯救很多条生命呢！这是多么有意义的事情啊！于是，41 岁的莫尔斯决定放弃自己已经有所成就的绘画事业，转而投身到电力事业中。

于是他便如饥似渴地开始了学习，原本供他作画的画室也被变成了一个正正经经的电学试验室，画室的每个角落里都堆满了电池、电线以及各种工具。很快，聪明的莫尔斯就掌握了电磁的所有基本知识。莫尔斯每天都在自己的那间画室里，不断地进行着研究，他也不知道自己到底画过多少张设计草图，做过多少次实验。他只是知道每一次的失败之后他都会继续下一次实验，他从来就没有想放弃过。但是三年的埋头研究，并没有令莫尔斯得到他想要的答案，可是此刻的他已经将自己的积蓄也全部用完了，这时的他每天都生活在极度的贫困中。无奈之下，莫尔斯为了维持自己的生活，在 1836 年又重新拿起了画笔，担任了纽约大学艺术及设计教授。但是在课余时间的他仍然没有放弃从事电报发明的工作的想法，每每有时间就会进行自己的研究。

在历经了三年的失败后，莫尔斯开始反思自己。他发现在他之前的科学家们总是为了表达 26 个字母而设计了极为复杂的设备，这种设备制作起来并不容易。因此他想把 26 个字母的信息传递方法简单化，只有这样电报机的结构才会更简单一些，也许这样就能作出这种机器了。莫尔斯一直在思索着可以用什么符号代替 26 个英文字母。他不停地在纸上画着许多符号：点、横线、曲线、正方形、三角形各式各样。最后，他作出决定，他打算采用点、横线和空白三种符号来共同承担起发报机的信息传递任务。

随后他便为每一个英文字母和阿拉伯数字都设计出了一个相应的代表符号，这些代表符号由不同的点、横线和空白组成。这就是被后人们称为是“电信史上最早的编码”，人们也称它为“莫尔斯电码”。

电码的研究成功给莫尔斯很大的鼓励，终于成功地在 1837 年 9 月 4 日制造出了一台电报机。1844 年 5 月 24 日，年过半百的莫尔斯在华盛顿国会大厦联邦最高法院会议厅里，成功地向巴尔的摩发出了写有“上帝创造了何等的奇迹！”的人类历史上的第一份电报。电报的发明，揭开了电信史上新的一页。

【解读】

莫尔斯的电报机后来又经过不断的改进，传送的信息更加准确、快速，并很快被世界各国采用。电讯技术的发展，大大促进了资本主义的发展，使其更快地进入了第二次科技革命时期。

自然而然的，科技革命又为人类创造了极其强大的物质财富，使人类变得更加强大。

兰米尔改造电灯

【名言】

真理的大海，让未发现的一切事物躺卧在我的眼前，任我去探寻。

——牛顿

【故事】

大概在1909年的时候即炭丝电灯诞生30年后，一种新型的电灯出现了。这种电灯就是由美国通用电器公司的库里基发明的。库里基发明的电灯是在爱迪生发明的炭丝电灯的基础上研究出来的，他成功地以钨丝做灯丝的电灯替换了制作复杂的炭丝。这种电灯与炭丝电灯相比，显然有了明显的进步，但由于通电后钨丝极易变脆，所以它的使用寿命也受到了极大的影响。

这一年的夏天，美国通用电器公司来了一位叫做兰米尔的化学家，他是应邀来这里进行工作的。这位化学家造诣颇深，而且拥有广泛的兴趣。兰米尔刚进入公司时，公司研究实验室主任惠特尼博士并没有立即分配兰米尔做什么工作，而是建议他花几天时间到各个实验室先熟悉一下环境，同时看看是否有他自己所能感兴趣的课题。于是，兰米尔第二天便在公司的各个实验室里穿梭着。

这时候兰米尔突然来到了研究钨丝电灯的实验室。据他了解这个实验室正在攻克延长钨丝寿命的难关的课题。而这个问题无疑勾起了兰米尔的极大兴趣。他走进实验室并询问科研人员他们正在采取什么办法来解决问题时，研究人员告诉他，他们目前最佳的方案是把玻璃内的气体全部抽出。这种所谓的“真空灯泡”的研究更加激起起了兰米尔的浓厚兴趣。他最终决定自己要加入了这个课题的研究。

就这样兰米尔一头就扎进了怎样能够让钨丝更加“长寿”的研究中。经过大量的实验后，他认为钨丝之所以会变脆是因为钨丝内的气体杂质所引起的。所以他大胆地向惠特尼建议在高真空的条件下加热各种灯丝样品，以测定各种情况下所产生的气体量。听过兰米尔的解释后惠特尼感觉他的新见解有一定的道理，所以最终他同意了兰米尔专门从事这项研究，并给他配了几名助手。

又经过一段时间的研究，兰尔米彻底地证实了自己的想法的正确性。他在对处于非真空条件下的灯泡玻璃进行了长时间加热，结果他发现灯泡玻璃的表面会慢慢释放水蒸气，而且这些水蒸气与灯泡内的钨丝发生了严重的化学反应，并且产生了氢气。另外，在灯泡接头的地方，还有一些材料也会释放出一些气体。而钨丝之所以这样短命，罪魁祸首就是这类气体，也就是说这种化学作用，使得钨丝变脆、灯泡玻璃壁变黑的。

疾病的症结被找到，剩下的就是该如何来解决这个问题了。接下来，除了兰米尔之外的其他人都认为如果想要解决这一问题，最直接也是最有效的办法应该是进一步的提高灯泡的真空度。的确在历史上爱迪生等人，都曾为了提高灯丝的寿命，而在灯泡的真空度上大做文章，最重要的是他们的确取得了一定的成绩。因而大家会自然而然地想到这个做法。但兰米尔却不同意大家的意见，他建议采用与抽真空相反的方法，即充气的方法，把各种不同的气体分别充入灯泡，他想看看各种不同的气体跟钨丝“相处”到底会发生怎么样的反应。他认为这就好像是把自己的手伸到灯泡里，亲自“触摸”一下钨丝似的。

大家听了兰米尔的想法后，纷纷表态，他们大部分人都认为兰米尔的想法是错误的，是根本行不通的，因为前人根本没有人尝试过。面对众人的不同看法，兰米尔最终还是以诚意和道理说服了大家。

接下来兰米尔分别把氢气、氮气、氧气、水蒸气、二氧化碳等气体充入灯泡，并采用不同的温度、压力等外界条件进行试验。当实验结束后，兰米尔欣喜地发现，在高温下，氢原子从钨丝上扩散，扩散的氢原子将重新结合在一起，从而剧烈地增强了气体的导热作用。这就是为什么灯泡会热得受不了的原因了。

兰米尔在灯泡里充入水蒸气后，他发现水蒸气分子与热钨丝接触后会产生钨的氧化合物，这种氧化物便附在了灯泡壁上，从而使得灯泡变黑。这个试验结果的成功证明了灯泡的变黑确实是钨丝蒸发所致。

最后，兰米尔在高温下给灯泡充入氮气后，奇迹发生了。这时的氮气并不离解，而许多蒸发出的钨原子在撞击到氮分子后又返回到了钨丝上。很显然，氮气对钨丝有保护作用，也就是说，氮气能使钨丝寿命延长。直到 1931 年，兰米尔经过了 4 年的苦苦研究，终于发明出了功率大、寿命长、效率高的良好充气灯泡。后来，兰米尔又把小直径灯丝圈成螺旋形，这样他又减少了热传导损失，并且发明了以氖气代替氮气而制成的小功率充气灯泡。1932 年，兰米尔获得诺贝尔化学奖。而其发明的充气电灯至今依然被人们所使用，更重要的是他推动了历史的进程，它是世界上一项伟大的发明。

【解读】

电灯是发明家爱迪生发明创造的，但是自从电灯诞生之后，它并不是完美无缺的。故事中的主人公兰米尔就做起了改造电灯的工作。

改造后的电灯，功率大、寿命长、效率高，他改造后的充气灯至今依然被人们所使用。他的这一发明创造，不但创造了极大地创造了物质财富，而且使人们过上了方便舒适的生活。

尼泼科夫发明传真机

【名言】

探索真理比占有真理更为可贵。

——爱因斯坦

【故事】

尼泼科夫是一个十分有趣的人，他平时最喜欢做的事就是学习和研究通讯技术。他在课上一直都是一个学习优异的学生，在课下他更是一个善于学习的好学生。每到放学之后他都几乎把所有时间花在了阅读有关的电学知识上。而他最为崇拜人就是莫尔斯、贝尔等多个大发明家。当他看到电报能传送人的信息，电话可以传送人的话语，就在想要是能有东西可以传送图像就好了。于是，尼泼科夫格下定决心要发明一种可以传送图像的装置。

从此以后，每天只要一有时间尼泼科夫就会苦苦地思索着，如何可以在远方就收到图像呢。这一天，尼泼科夫刚刚下课不久，他在课余时间里决定到教室里去尝试设计一种传真装置。在教室里他不断地认真思考和设计着，突然他被左右邻桌的两位同学正在玩的一种游戏深深地吸引了。

尼泼科夫看到在他们的桌子上各放着一张大小相同的纸，而且纸上的都画满了大小相同的小方格。尼泼科夫先看了看右侧同学的纸，这张纸上写了一个字，然后右侧的同学会按照一定的笔画顺序告诉给对方哪一个小格应该是黑的，哪一个小格应该是白的；对方则会按照右侧同学发出的命令，用笔将一些小方格涂黑，或则干脆让它空着。这样，待对方同学将全部小方格都按指令处理完后，左侧同学的纸上则出现了一个与右侧同学写的相同的字。

看到这一幕的尼泼科夫兴奋地从座椅上跳了起来，喊道：“我知道了，这真是一个好办法！”看到这些之后的尼泼科夫，马上就设计出一个方案。他认为任何图像都是可以由许许多多的黑点子组成的，那么要是把所要传送的图像分解成许多细小的点子，再借助一定的科学方式把这些点子变成电信号传送出去，那么接收的地方只要把电信号再重新复原回点子，再把点子留在一张纸上，就可以实现图像的传真了。

一向做事都很麻利的尼泼科夫说干就干。他先是要将图像分解成许多个点子，这时的尼泼科夫想起儿时玩过的风车，而受此启发，他成功地研制出了一个扫描装置。尼泼科夫现将这个装置放在要传送的图像前，并在紧挨着的地方放置一个可转动的螺旋穿孔圆盘，在圆盘前面安装有一个电灯。当光穿过不断运动的孔时，受图像明暗的影响，光有时候十分亮，有时候却非常的暗。然后，他把变化的光信号成功地转化为了电信号，发送装置就这样大功告成了。

研究成功了发送装置，接下来要研究的就是接收装置。他决定按照电报机电码的复原一样，采用与发送相反的方式来制造接收装置，结果实验果然成功了。从此以后世界上的第一台传真机诞生了。又经过一段时间的改进与制作，尼泼科夫最终将整个装置做成了圆盘式传输机器，随后他便申请到了属于自己的专利，他终于发明出了一件他梦寐以求的东西。

当时的这台圆盘式传输装置的传真效果并不好，但它的出现却为后来的研究者指明了方向。此后，众多的科学家前仆后继，为的就是更好地完善这种传真装置。1925 年美国无线电公司在汲取了多年的研制经验的基础上，终于研制出了世界上第一部实用的传真机。这部传真机的特殊之处就在于它在其发送机上安装了一个滚筒，滚筒的前方还放置了一个强光源的灯，而且灯的前面有一个透镜，另外在发送机上还有光电管等电子部件。而接收机上也同样经过了改造，也被安装上了滚筒，以及放大电信号、还原光信号的装置等。再后来，人类的科技水平逐渐提高，接连出现了摄影管、电子束管等先进电器，再后来激光技术也得到应用，使得传真机的作用越来越大，而且其性能也是日趋完善。

【解读】

传真机，现代人仍然离不开的通信设备之一，也许你昨天还使用过。传真机的发明，增加了人与人沟通的手段，为人类创造物质财富提供了极大的帮助。

“蔡侯纸”的诞生

【名言】

不慕古，不留今，与时变，与俗化。

——《管子·正世》

【故事】

东汉时，有个叫蔡伦的人，发明了一种用植物纤维造纸的方法。

在蔡伦发明造纸以前，人们想要写字、画画，可难啦！从远些时候说，人们拿刀把字刻在野兽的骨头、树皮、铜和土块上。就在东汉时，一般人写东西，也只能把字刻写在竹木简上。只有少数有钱人，才能用得起用蚕丝织成的帛。这么一来，人们读书写字都受到限制。直到蔡伦发明纸以后，人们写字、画画才方便多了。

蔡伦本来是皇宫里的太监，后来担任了管理皇宫手工作坊的职务，专门监督工匠们制造皇宫里的日常用品。他经常到各个作坊去走走看看，对帛的制造过程，观察得尤其仔细。日久天长，他对造帛需要解决哪些问题，心里都有数。

一天，蔡伦对作坊的师傅们说："咱们试一试用花草树木作原料来造纸好不好？"大家一听，都很惊奇，说："这能办到吗？"

蔡伦把自己的想法，一五一十地对大家说了，大家都觉得很有道理，就照着蔡伦的吩咐分头行动。

没过几天，作坊的师傅有的抱来了烂渔网，有的扛来了树皮，有的拿来了破麻头……蔡伦要大家用刀斧把这些东西剁碎，洗干净，放进草木灰水里浸泡，去掉杂质，再放在锅里蒸煮。煮烂以后捞起来，滤去水，放在石臼里舂，捣成像糨糊一样的东西，再放在池子里兑上水，搅拌均匀，就成了纸浆。最后，用细竹帘子把纸浆捞起一层来，晒干了取下来，就成了一张纸。

这个试验成功以后，大家都很高兴。可是，这种纸厚薄很不匀称，有的地方厚，有的地方薄，拿来写字很不好用。于是蔡伦又同工匠们反复研究，不断改进，终于造出了又薄又匀又光的纸。

蔡伦造纸成功以后，对祖国文化事业的发展，贡献很大，人们为了纪念他，给这种纸起了个名字，叫“蔡侯纸”（因为蔡伦曾被朝廷封为侯爵）。

造纸术是我国古代四大发明之一，先后传到了亚洲、欧洲和世界各国，对世界科学和文化事业的发展作出了伟大的贡献。

【解读】

蔡伦常到各个作坊去，仔细观察帛的制造过程，受到启发，想用些便宜的原料来造纸。第一次试验成功后，蔡伦发现这种纸厚薄很不匀称，有的地方厚，有的地方薄，拿来写字很不好用。于是蔡伦又同工匠们反复研究，不断改进，终于造出了又薄又匀又光的纸。我们应该学习他勤于观察和实践的精神。

张衡发明地动仪

【名言】

终日乾乾，与时偕行。

——《周易·乾·文言》

【故事】

汉章帝时期，东汉的政治比较稳定。汉章帝一死，继承皇位的汉和帝才10岁，窦太后临朝执政，让他的哥哥窦宪掌握了朝政大权，东汉王朝就开始走下坡路了。在这个时期，出了一位著名的科学家张衡。

张衡是南阳人。17岁那年，他离开家乡，先后到了长安和洛阳，在太学里用功读书。当时洛阳和长安都是很繁华的城市，城里的王公贵族过的是骄奢淫逸的生活。张衡看不惯这些，写了两篇文学作品《西京赋》和《东京赋》（西京就是长安，东京就是洛阳），讽刺这种现象。据说他为了写这两篇作品，经过深思熟虑，反复修改，前后一共花了10年工夫，可见他研究学问的精神是很认真严肃的。

但是张衡的特长还不是文学，他特别爱好数学和天文研究。朝廷听说张衡是个有学问的人，召他到京里做官，先是在宫里做郎中，后来，担任了太史令，叫他负责观察天文。这个工作正好符合他研究的兴趣。

经过他的观察研究，他断定地球是圆的，月亮是借太阳的照射才反射出光来。他还认为天好像鸡蛋壳，包在地的外面；地好像鸡蛋黄，在天的中间。这种学说虽然不完全精确，但在1800多年以前，能说出这种科学的见解来，不能不使后来的天文学家钦佩。

不光是这样，张衡还用铜制造了一种测量天文的仪器，叫做“浑天仪”。上面刻着日月星辰等天文的现象。他设法利用水力来转动这种仪器。据说什么星从东方升起来，什么星向西方落下去，都能在浑天仪上看得清清楚楚。

那个时期，经常发生地震。有时候一年一次，也有一年两次。发生了一次大地震，就影响到好几十个郡，城墙、房屋发生倒坍，还死伤了许多人畜。当时的封建帝王和一般人都把地震看作是不吉利的征兆，有的还趁机宣传迷信、欺骗人民。但是，张衡却不信神，不信邪，他对记录下来的地震现象经过细心的考察和试验，发明了一个测报地震的仪器，叫做“地动仪”。

地动仪是用青铜制造的，形状有点像一个酒坛，四围刻铸着8条龙，龙头向8个方向伸着。每条龙的嘴里含了一颗小铜球：龙头下面，蹲了一个铜制的蛤蟆，对准龙嘴张着嘴。哪个方向发生了地震，朝着那个方向的龙嘴就会自动张开来，把铜球吐出。铜球掉在蛤蟆的嘴里，发出响亮的声音，就给人发出地震的警报。

138年二月的一天，张衡的地动仪正对西方的龙嘴突然张开来，吐出了铜球。按照张衡的设计，这就是报告西部发生了地震。

可是，那一天洛阳一点也没有地震的迹象，也没有听说附近有哪儿发生了地震。因此，大伙儿议论纷纷，都说张衡的地动仪是骗人的玩意儿，甚至有人说他有意造谣生事。

过了几天，有人骑着快马来向朝廷报告，离洛阳1000多里的金城、陇西一带发生了大地震，连山都有崩塌下来的，大伙儿这才信服。

可是在那个时候，朝廷掌权的全是宦官或是外戚，像张衡这样有才能的人不但不被重用，反而被打击排挤。张衡做侍中的时候，因为与皇帝接近，宦官怕张衡在皇帝面前揭他们的短，就在皇帝面前讲张衡很多坏话。他被调出了京城，到河间去当国相。张衡在他61岁那年病死，在我国科学史上留下了光辉的业绩。

【解读】

地震被当时的封建帝王和一般人看作是不吉利的征兆，有的还趁机宣传迷信、欺骗人民。但是，张衡却没有因为权贵们和一般人的普遍看法，就相信这些不科学的看法，他不信神，不信邪，对记录下来的地震现象经过细心的考察和试验后，发明了一个测报地震的仪器，叫做“地动仪”。经过一次准确的预报后，人们信服了他的“地动仪”。他这种仔细观察，不信帝王和成见，另辟蹊径的精神值得人们学习。

郦道元注释《水经》

【名言】

苟下学之功，日进不息，久则可以上达也。

——《慎思录》

【故事】

水资源是人类生存的必要条件之一。我国江河湖海纵横交错，对军事战争、商业航运、农田灌溉和社会经济发展的各个方面都有重大的影响，地理学家们一直想摸清这份“家底”。三国时期的《水经》是我国第一部研究水文地理的专著，而北魏郦道元以注释《水经》的方式写成的《水经注》一书，是我国古代最杰出的水文地理研究成果。

郦道元，是南北朝时期著名的地理学家。他从小就博览群书，特别喜欢阅读地理学著作。少年时代，曾随父亲游历山东，又经常和朋友们一道访求名胜古迹，养成了“访读搜渠”的兴趣。以后历任河南、冀州鲁阳郡等地方官吏。由于职务关系，足迹遍及山东、河北、山西、河南、陕西、内蒙古、江苏、安徽、湖北等地。郦道元热爱祖国的大好河山，对河道、水系或者说水文地理研究尤其怀有一种特殊的感情，他在《水经注》的自序中说，天下最多的是水，它浮天载地，高下无所不至，万物无所不润。

郦道元阅读《禹贡》、《周礼·职方》、《山海经》、《水经》等古代地理学著作时，深感这些著作的记载往往过于简略，于是细心收集历代地理资料，选用《水经》为底本，决心以注释《水经》的方式撰写一本新的水文地理研究著作。

《水经》一书记载河流一百三十七条，而《水经注》以多于它二十几倍的文字来进行注释。其实，《水经注》叙述的内容已大大超出了注释《水经》的范围，里面有许多作者独立研究的成果。郦道元涉猎的书籍非常广泛，在注中引用的古籍有四百多种，还摘录了不少汉魏时期的碑刻，这些古籍、碑刻现在大多数都已失传，靠着《水经注》才保存下来。

郦道元的写作态度十分认真，对古书记载有歧义的地方，每次都加上自己的按语或结论，对能够进行实地考察的地方绝不轻易放弃。凡是他访问过的地方总是留下了详尽生动的第一手资料，如他在游渭水兹泉时，曾寻访过姜太公的居室和垂钓的地方，在鲍邱水那一节里记载了刘靖开渠引水的工程，在谷水那一节记载了东汉大学的旧址等等。

《水经注》写作的最大特点是以全国水道为纲，共分黄河、济水、淮河、污水（汉江）、长江五大水系。每一水系又按大小顺序，先叙述干流，再叙述大小支流。对每一条河流的发源、流经地区、交汇和所注入的河、湖、海域以及沿河的风土人情、城市面貌，历史沿革、史事掌故等等都一一有详细的说明。

《水经注》所记水文，分地表水和地下水。地表水共记 1252 条河流，几乎比《水经》扩大了 10 倍，所谓地下水是指井、泉和伏流，记有泉水 30 多处，伏流也有 30 多处。全书提纲挈领，体例分明，条理清楚，结构严谨，既为我们提供了丰富的水文历史地理资料，又开创了我国撰写水文地理研究著作体例的先河。其对水文地理研究的科学贡献和社会经济发展的推动作用是不言而喻的。因此，千百年来一直受到人们的重视，具有很高的学术地位和学术价值。

当然，《水经注》也有缺点。郦道元生长在南北朝分裂时期的北魏，由于战争频繁地发生，他不可能对每个地方都进行实地考察，光靠引用分析古书上的记载有时就不那么确实可靠。他对黄河发源地的认识也是错误的，但这些比起《水经注》的功绩来，实在是微不足道的。

【解读】

郦道元阅读《禹贡》、《周礼·职方》、《山海经》、《水经》等古代地理学著作时，没有迷信古人，而是进行了深入的思考，深感这些著作的记载往往过于简略，于是细心收集历代地理资料，选用《水经》为底本，决心以注释《水经》的方式撰写一本新的水文地理研究著作。郦道元的写作态度十分认真，对古书记载有歧义的地方，每次都加上自己的按语或结论，对能够进行实地考察的地方绝不轻易放弃。凡是他访问过的地方总是留下了详尽生动的第一手资料。我们应该学习他这种怀疑加考证的精神，只有这样，才能有新的发现。

发明火药和火箭

【名言】

山深更须入，闻有早梅村。

——杨万里《明发石山》

【故事】

火药是中国古代闻名世界的四大发明之一。在古代，由于医学和炼丹的盛行，人们对碳、硫、硝三种物质性能的认识日益加深。在炼丹过程中，人们发现硫易着火飞升，性质活泼，很难控制。为了使它药性缓和，更易控制，炼丹家们采用了一种叫做“伏火法”的方法，也就是经过和其他某种易燃物质混合加热，或发生某种程度的燃烧，使之变性的方法。火药的发明就是从这种硫磺伏火的实验和制取火药的关键——硝的引用中得到的。

据唐朝一本名叫《真元妙道要略》的炼丹书记载道：“有以硫磺、雄磺含硝石并密烧之，焰起，烧手面及烬屋舍者。”这说明，火药在唐代中期就已经被人们所掌握。

当人们掌握了火药的制造并认识到它的性能以后，很快就应用在战争、武器的制造上。宋代曾公亮等人在1040年编著的《武经总要》中，不仅记述了三种火药的配方，还记述了各种火药武器的制造和使用。比如，引火球、铁嘴火鹞、竹火鹞等等。当时这些武器还只是把火药装成易于发射的形状，点燃引线后，由原来的抛石机发射出去。到了北宋末年，人们还创造了“霹雷炮”、“震天雷”等杀伤力更大的火药武器。

13世纪初，火药从中国传到阿拉伯，后又经阿拉伯人，和火药武器一起传入欧洲。火药和火药武器传入欧洲后，对欧洲的社会和科学技术产生了巨大的影响。

火箭是中国最先发明的，已为世界所公认。自三国起，史书就有关于“火箭”的记载。当时的火箭还只是一种在箭头上附着有像油脂、松香、硫磺之类易燃物质，点燃后用弓或弩射出去的“带火的箭”。真正由火药喷射推进的喷气火箭，可能是南宋时期发明的。据当时的史书记载，人们在节日夜晚常放诸如“地老鼠”、“起龙”等靠火药喷射推进的烟火玩物。从原理上讲，有了这些玩具，就易发明真正的喷气火箭。

据《火龙经》记载，古人事先做好一个“低桶起火”的火药喷气装置，再绑到箭杆上。由于这种火箭较好的解决了定向问题，又具有较大的运载能力，因而在军事上得到了广泛的应用。到明代，这样的火箭就多了起来。明代茅元仪所著的《武备志》中，就有不少这样的火箭图。如飞刀箭、飞枪箭、燕尾箭，以及可以同时发射一百支箭的“百矢弧箭”和“百虎齐奔箭”等等。在《武备志》中还有一种被称做“火龙出水”的火箭，这是一种用于水战中的二级火箭。它先用四支大火箭筒燃烧喷射，由此产生的反作用力把龙形筒射出去，当这四支火箭里的火药燃料烧完后，再引燃龙腹中的神机火箭，把它们射向敌方。据记载，这种“火龙出水”火箭能射到二、三里远的敌方船只。由此可见，当时的火箭技术已经达到了相当先进的水平。

在元、明时期，古人进一步发明了“飞空击贼震天雷炮”。这是一种雏形飞弹，在《武备志》中有关于它的详细记载。“飞空击贼震天雷炮”是一根装有火药的圆筒，利用火药做推进器（“送药”）。战斗时，人们点燃送药，飞弹便直飞向敌营，当发药燃烧完后，圆筒中的火药便在敌营中燃烧、爆炸。

火药和火箭作为中国古人的发明，在当时是世界上最先进的。据说，火药后来由马可·波罗传到欧洲，但直到13世纪末，欧洲的史书中才出现“火箭”的字样，14世纪欧洲才把火箭应用于战争。

【解读】

古人早就明白，要领略山的佳境，就应该不畏艰苦敢于攀登，只有亲自深入到它的深处，才能有深刻的体会和发现。我们无论在工作还是学习上，都要不辞艰险，勇于探索。火药的原料——硝石、硫磺及木炭等物质，在混合过程中，稍不小心就会着火燃烧。古人没有惧怕这些危险，而是经过反复实践，逐步认识了它们的功能和成份对比，终于发明了火药。

指南针的发明

【名言】

学问尚精专，研摩贵纯一。

——曾世霖《论学问》

【故事】

我国是世界上最早发现磁铁指极性的国家。早在战国时期，就利用磁铁的指极性发明了指南仪器——司南。《韩非子·有度篇》里有“先王立司南以端朝夕”的话，“端朝夕”就是正四方的意思。司南是用天然磁石琢磨成的，样子像勺，圆底，置于平滑的刻有 24 个方位的“地盘”上，其勺柄能指南。不过，天然磁石在琢制成司南的过程中，容易因打击、受热而失磁，故司南磁性较弱，加之它与地盘接触转动磨擦的阻力比较大，难以达到预期的指南效果，所以未能得到广泛使用。但司南毕竟是最早的磁性指南仪器，被视为指南针的祖先。

社会生产力的发展，尤其是航海事业的发展，需要有较好的指向仪器。经过长期实践和反复试验，北宋时期，人们发现了人工磁化的方法，并以此制成指南鱼和指南针。指南鱼是用薄铁片裁成鱼形，然后用地磁场磁化法，使它带有磁性。指南鱼浮在水面时，鱼头指向南方。但指南鱼磁性较弱，实用价值不大。指南针的制作则是以天然磁石摩擦钢针，使钢针磁化，产生指南的性能。和司南、指南鱼相比，指南针简便而又实用，以后方法不同的各种磁性指向仪器，都以这种磁针为主体，只是磁针的形状和装置不同而已。

北宋的《梦溪笔谈》讲述了几种磁针装置法的试验：把磁针横贯灯芯浮在水上，架在碗沿或者指甲上，用缕丝悬挂起来等。从该书的记载来看，使用指南针指向还没有固定的方位盘。但不久，即发展成磁针和方位盘联成一体的罗经盘，或称罗盘。其方位盘为圆形，也有 24 个方位。罗经盘的出现是指南针发展史上的一大进步，人们只要一看磁针在方位盘上的位置，就能定出方位来。有关罗经盘的记载，在南宋的《因话录》中即已出现。不过，此时的罗盘，还是一种水罗盘，磁针是横贯着灯芯浮在水面上的。明代嘉靖年间，又出现了旱罗盘。旱罗盘的磁针是以钉子支在磁针的重心处，支点的摩擦阻力很小，磁针可以自由转动。旱罗盘比水罗盘的性能优越，更适用于航海，因为它的磁针有固定的支点，不致在水面上游荡。

指南针的发明，有力地促进了我国航海事业的发展。12 世纪以后，指南针传到了阿拉伯国家和欧洲，又大大推动了世界航海事业的发展和中西文化交流。指南针的发明，是中华民族对世界文明的一项伟大贡献。马克思曾把指南针和印刷术、火药的发明称作“是资产阶级发展的必要前提”。

【解读】

一项新发明要得到完善和推行，必然是结合当时的社会生产需要。战国时期的指南针——司南，难以达到预期的指南效果，所以未能得到广泛使用；后来随着社会生产力的发展，尤其是航海事业的发展，需要有较好的指向仪器。在这一需求下，人们经过长期实践和反复试验，在北宋时期，就发现了人工磁化的方法。以后，随着要求的提高，指南针又得到不断的改进。可见，如果要有所发明创造，除了观察和刻苦勤奋，还要时刻把握时代的脉搏，了解社会的需求，才能有的放矢。

“贾宪三角”

【名言】

凡事之所贵，必贵其难。

——舒梦兰《游山日记》

【故事】

中国的数学发展到宋元时期，走到了它的高峰。在这个数学创新的黄金时期，各种数学成果层出不穷，令人目不暇接。其中特别引人注目的，当首推北宋数学家贾宪创制的“贾宪三角”了。

史书没有贾宪的传记，人们今天对这位数学家的生平事迹已经无法搞清楚了，只知道他曾经当过宋代“左班殿直”的小官，是当时天文数学家楚衍的学生，还写过两部数学著作，可惜这两部著作现在都失传了。幸亏南宋数学家杨辉在他的书中引述了贾宪的许多数学思想资料，才使人们今天得以了解贾宪在数学上的重大贡献。

贾宪最著名的数学成就，是他创制了一幅数字图式，即“开方作法本源图”。这幅图现见于杨辉的书中，但杨辉在引用了这幅图后特意说明：“贾宪用此术”。所以过去我国数学界把这幅图称为“杨辉三角”，实际上是不妥当的，应该称为“贾宪三角”才最为恰当。这样一种二项式系数的展开规律，在西方数学史上被称为“帕斯卡三角形”。帕斯卡是法国数学家，他在1654年所著的书中给出类似于贾宪“开方作法本源图”的数字三角形表。其实在欧洲，类似的数字三角形也并非帕斯卡最先发明，只是开始没有广泛流传罢了。西方最古的此类数字三角形，可以上溯到1527年，但与贾宪的这个图相比，已经晚了四百多年。因此我们完全有理由把这项中国人最先发明的数学成果称为“贾宪三角”而载入史册。

不仅如此，贾宪的这个图还蕴含了图中数字的产生规律。这个三角形的两条斜边都是由数字 1 所组成的，而其他的数都等于它肩上的两个数相加。按此规律，这个数字三角形可以写到任意多层；也就是说，二项式任意正整次幂的系数展开都可按这个图很容易地得到。

根据杨辉的记载，贾宪求“开方作法本源图”中各项系数的方法，就是他在开平方、开立方中所用的新法——“增乘开方法”。应用这种“增乘开方法”，既可求得任意高次展开式系数，又可进行任意高次幂的开方。在贾宪之前，从汉代一直到唐代的一千多年时间里，中国古代数学家只能进行正数的开平方和开立方运算，对于四次方以上的高次幂开方没有什么好的方法。直到贾宪的“增乘开方法”问世，才真正找到了开高次方的最佳方法，并能用它开任意有理数的高次方。这在中国数学史乃至世界数学史上，都具有极其重要的价值。以后的数学家在这个基础上继续前进，又把它推广为任意高次方程的数值解法。南宋时期的数学家秦九韶在系统总结前人成果的基础上，终于把以增乘开方法为主体的高次方程数值解法发展到了十分完备的程度。其解法与现代通常使用的“霍纳法”（由英国数学家霍纳于 1819 年给出）基本一致，但比霍纳法要早了五百多年。从贾宪到秦九韶逐步发展完备起来的高次方程数值解法，是中国数学在宋元时期的一项杰出的创造。

【解读】

在贾宪之前，古代数学家只能进行正数的开平方和开立方运算，对于四次方以上的高次幂开方没有什么好的方法。直到贾宪的“增乘开方法”问世，才真正找到了开高次方的最佳方法，并能用它开任意有理数的高次方。以后的数学家在这个基础上继续前进，又把它推广为任意高次方程的数值解法。南宋时期的数学家秦九韶在系统总结前人成果的基础上，终于把以增乘开方法为主体的高次方程数值解法发展到了十分完备的程度。由此，一项新技术的发展规律，都是站在前人的肩膀上进行学习和扬弃，才能有所进步。

博学科学家沈括

【名言】

智者不袭常。

——顾炎武

【故事】

北宋时代的沈括是一位以博学著称的科学家。对于文学、艺术、自然科学、技术、历史、考古等各门学问都有深入研究。沈括一生在各地为官，积极参加王安石变法，也是一位政治家。

1088 年他奉旨可以任便居住，后定居于京口的梦溪园内。1095 年病故于此园，终年 65 岁。他一生论著甚多，仅据《宋史·艺文志》所录就有 22 种，共 155 卷，但现在有传刻本的仅有《梦溪笔谈》26 卷，《补笔谈》3 卷，《续笔谈》1 卷，《长兴集》19 卷等。其中《梦溪笔谈》是沈括晚年在梦溪园中将他一生所见所闻和研究心得以笔记文学体裁写下的著作。书中关于科学技术的条目约占三分之一以上，内容涉及数学、天文历法、地理、地质、气象、物理、化学、冶金、兵器、水利、建筑、动植物以及医药学等广阔的领域。其中有不少对当时科学技术的忠实记录，还有沈括本人深入钻研的科学成果，是中国科技史上一部十分重要的著作。李约瑟教授称沈括是中国整部科学史中最卓越的人物，曾赞许《梦溪笔谈》是中国科学史的里程碑。

在天文历法方面，沈括注重观测的思想贯穿于他的天文研究中。1074 年，沈活分别对测量天体位置的浑仪、测量时间的浮漏和测量日影长短的景表这三种天文仪器，提出了改进意见和设计方案。沈括在奉命兼任司天监职务时，曾亲自推荐精于历术的淮南人卫朴于 1074 年修成奉元历，并在 1075 年起颁行。沈括大胆主张使用与农业生产关系密切的十二气历，即以“十二气为一年”，以立春为一年之始，“大尽三十一日，小尽三十日”，“一大一小相同，纵有两小相并，一岁不过一次”，这样，可以做到“岁岁齐尽，永无闰余”。他的建议十分简便科学，比现行的公历——格列高利历还要合理。

在数学方面，沈括主要研究了“隙积术”和“会圆术”等。隙积术属于求解垛积问题和高价等差级数求和问题，对此，沈括创立了一个正确的求解公式。会圆术是一个已知弓形的圆径和矢高求弧长的问题。沈括推得求弓形弧长的近似公式。之后，元代的王恂、郭守敬在修改历法制定授时历中就利用了沈括的这个公式。

在物理学方面，沈括通过纸人实验发现了“共振现象”，他还亲自做凹面镜成像实验。用实验探讨阳燧引火的原因。还对古代的透光镜作过细心的观测和研究。

在地学方面，沈括对地形地貌进行了大量的观测研究，指出泥沙的淤积作用是形成华北平原的真正原因。他首创的立体地图很快得到推广。

在医药学方面，沈括根据实物，对药物名称做了大量的证同辨异工作，并注意收集验方，编有《苏沈良方》15 卷。他在实地考察、仔细观测和科学实验的基础上，应用合理的逻辑推理方法，从自然界引出符合科学的结论。

【解读】

沈括之所以被李约瑟教授称是中国整部科学史中最卓越的人物，他的著作《梦溪笔谈》是中国科学史的里程碑，是因为其中有不少对当时科学技术的忠实记录，还有沈括本人深入钻研的科学成果。他的成果又来自于他亲力亲为的科学实验：无论是对测量天体位置的浑仪、测量时间的浮漏和测量日影长短的景表这三种天文仪器，提出了改进意见和设计方案，还通过纸人实验发现了“共振现象”，都是如此。

郭守敬编制新历法

【名言】

天变不足畏，祖宗不足法，人言不足恤。

——《宋史·王安石列传》

【故事】

郭守敬，是我国古代著名的天文学家和水利专家。元世祖时，他算出一年有 365.2425 天，同地球绕太阳一周的实际时间相比，只差 26 秒；他编成一部新的、比较科学的历法——《授时历》，同现行的公历一年周期相同。

郭守敬，于 1231 年出生在一个书香之家。他幼承家学，刻苦努力，在数学、水利学和天文学等方面受到良好的教育。他的科学成就，最初是在水利河运方面表现出来的。刚满 20 岁时，他参加了修复邢川城外一座古老石桥的工作。经过他的多次勘测，找到了原有河道和桥梁遗址；经过他的设计，疏通了淤塞多年的河道，并重建了一座更为坚固的石桥，解决了交通上和灌溉上的迫切需要。郭守敬的才干得到了人们的好评。元世祖忽必烈召见了他，听他面陈治理水利的建议，深为赞赏，委以重任。不久，他奉命前往经行省西夏，整治那里的古渠，消除水患。他根据自己实际进行的水道测量，认定黄河中游从中兴至东胜可通航行。为了建立水路驿站，他考察了河北、山东的河道，绘制了河流相通形势图。他还以大都东边的海平面为基准，参校大都至汴梁地形高低的差别，这实际在地理学上最早形成和运用了标高的概念。由于政绩突出，郭守敬掌管了全国河渠、堤防、水利、桥梁、闸堰等重要事务。

元朝攻灭南宋，统一中国。可历法陈旧、混乱，时有节气差错发生，势必影响政令统一。于是，元世祖忽必烈决定编制新历，成立了专门机构太史局（后改称太史院）。46 岁的郭守敬被调任参加编制新历法。他研究了自秦汉以来 70 次改历的经验，提出“历之本，在于测验，而测验之器，莫先于仪表”的主张，在同事们的支持下，编制新历活动分造仪、观测、编历三个阶段，从而紧张地展开了。

首先是造仪。郭守敬一共创制了简仪、高表、候极仪、浑天象、玲珑仪、仰仪、立运仪、证理仪、景符、窥几、日月食仪、星晷、定时仪等 20 种天文仪器，其中，简仪和高表是两件重大的创造。尤其是简仪，这种测量天体坐标的仪器，由原来构造相当繁复的常仪简化而来，它的赤道坐标环组已开创了近代赤道仪的先河。仪器上刻度细密，最小分格可到 1/36 度，相当精确。简仪是世界上最早制成的大赤道仪，比丹麦天文学家第谷在 1598 年发明的同样仪器，早了 300 多年。

1279 年，天文仪器制成后，在郭守敬的设计下，又在大都城东修建了一座观测天象的司天台——灵台（遗址在今北京市建国门中国社会科学院内）。这里陈设着各种天文仪器以及历代天文图集，是当时中国的天文研究与天文观测的中心，是当时世界上设备最完善的天文台。

其次是观测。郭守敬主持和亲自参加了规模空前的天文测量。这次观测，最北的观测点是北海，在今西伯利亚；最南的观测点是南海，在今西沙群岛。通过观测，积累了关于日影、北极出地高度和春分、秋分、夏至、冬至昼夜时刻等方面的大量资料。郭守敬还主持了一次空前规模的恒星位置的测量，测出了前人未命名的恒星 1000 余颗，使测量的恒星从原来的 1464 颗增至 2500 颗，并编制了星表，测量精度大大超出了宋代。郭守敬特别重视重新测定“黄赤交角”。我国天文学家很早就发现赤道（地球自转时通过地心同自转轴垂直的平面，叫赤道）和黄道（古代称太阳运行轨道为黄道，实际上是地球绕太阳公转的轨道）的轨道平面是不一致的，而且倾斜成一定交角，就是黄赤交角。测定这个交角是天文学最基本的数据之一，对天文历法的推算很有关系。郭守敬经过反复仔细的观察，重新测定的黄赤交角为 23°33′34″，与近代用天体力学公式算出来的 23°31′58″相比，误差仅为 1′36″。这是中国古代天文学家关于黄赤交角的最精确的数值，为 18 世纪法国天文学家拉普拉斯论证关于黄道倾角交易性的理论提供了证据。

最后是编历。郭守敬以对大都三年半约200次的晷影测量数据，进行科学推算，得出一个太阳回归年的长度为365.2425日，这个数值精确到比地球绕太阳公转一周的实际时间，只差26秒，经过3320年后才相差一日。这就为编历提供了可靠的基础。郭守敬依据自己观测的结果，吸收以往历法的长处，经过精密计算，终于修成一部新历。忽必烈赐名《授时历》，这是取古籍《尚书·尧典》中“敬授人时”，即敬告人民以农时的意思，于1280年颁行天下。《授时历》一年的周期与现行公历（格里高利历）相同，但比现行公历的确立早300年。《授时历》还应用数学上的招差法推算太阳、月亮以及五星的运动和位置，比欧洲早了将近400年。《授时历》共施行了364年，是我国古代最精密和使用时间最长的历法，还传到了朝鲜、越南等国。日本的《大和历》也是在《授时历》的基础上制订的。

1291年，忽必烈重新设置都水监，加强水利事务，交郭守敬领导。这一时期郭守敬最主要的贡献是于1293年主持开凿了通惠河。他几经勘测，决定在大都西北修建一条长达30公里的白浮堰，把昌平以南神山附近的白浮泉引进大都城，然后利用旧有运粮河道顺流东下，到通州和大运河衔接起来。为了解决河床倾斜坡度问题，他又设法用水闸、斗门20座来调节水位和控制流量。这样，运粮船只就能沿着这条160余里长的通惠运河，直接驶入大都的积水潭，对促进南北经济文化交流起了积极作用。

由于郭守敬在天文、历法、水利、数学等方面都有成就，朝廷不准他卸职退休，任事直到86岁去世时为止。郭守敬作为杰出科学家，在世界天文学史上具有不可磨灭的地位。1970年，国际天文学会曾命名月球背面的一座环形山为郭守敬山。1977年7月，中国科学院紫金山天文台把该台发现的得到国际上确认的一颗小行星命名为“郭守敬星”。

【解读】

郭守敬刚满20岁时，参加了修复邢川城外一座古老石桥的工作。经过他的多次勘测，找到了原有河道和桥梁遗址，经过他的设计，疏通了淤塞多年的河道，并重建了一座更为坚固的石桥，解决了交通上和灌溉上的迫切需要。郭守敬的才干得到了人们的好评。他非常强调勘测的作用，正如后来他编定新历法时说的："历之本，在于测验"。可见，在一些科学实践中，测量是关键，没有测量，其他什么都是空对空。

黄道婆革新纺织技术

【名言】

穷则变，变则通，通则久。

——《周易·系辞下》

【故事】

元代涌现出了一位杰出的纺织技术家黄道婆。

黄道婆，又称黄婆，生于南宋末年，原是松江府乌泥泾镇人。她出身于贫苦农民家庭，为生活所逼，十二三岁就卖给人家当童养媳。她白天下地干活，晚上纺纱织布，担负着繁重的劳动，还要遭受公婆和丈夫的虐待。她忍受不了这种非人的生活，一天半夜，偷偷地逃了出来，躲进一条停泊在黄浦江边的海船上，随船漂泊到了海南黎族地区。

黄道婆出现在了崖州崖城镇内草村，她的衣服又破又旧，站在一个黎族老大妈家的屋檐下浑身发抖。守门的黄狗汪汪吼叫，吓得她胆战心惊。正当她想拔腿逃走时，老大妈开门出来，看见她可怜的模样，就把她拉进屋里，给她换上黎族人穿的筒裙，让她喝几口山兰玉液驱寒，然后便问起她的家世来。

黎族老大妈听了黄道婆的哭诉，流下了同情的眼泪。从此，大妈就认她为女儿，在生活上给予她无微不至的照顾。

由于海南岛盛产木棉，黄道婆从黎族人民那里学到了精湛的纺棉织布技术。黄道婆看见黎族妇女的纺织技术和工具都比她家乡的先进。在她家乡江南，棉籽要用手剥，效率很低；弹花只用小竹弓，弹出的棉絮不够松软。而黎族妇女使用的纺织工具踏车，既轻巧又灵活，织出的布精细美观。心灵手巧的黄道婆很快就掌握了黎族的纺织技术和工艺，织出的花布色彩鲜艳，上面有各种奇花异草、飞禽走兽等花纹图案，做成筒裙、被面令人赏心悦目，村里人看了都非常赞叹。

黄道婆在海南黎乡生活了30多年，虽然吃穿不愁，但她无时无刻不在想念自己的家乡。元朝至元年间，她带着黎族人民创造的先进纺织工具和技术，依依不舍地告别了黎族同胞，乘船回到了阔别三十多年的松江乌泥泾。

黄道婆重回故乡的时候，植棉业已经在长江流域大大普及，但是纺织技术还是很落后。黄道婆根据自己几十年丰富的纺织经验，与当地群众一起，对当地落后的纺织技术和工具作了大胆改革。

在剥除棉籽方面，黄道婆把黎族人民用的搅车介绍过来。搅车是由装在机架上的两根碾轴组成，两轴靠摇臂向相反方向转动，把棉花喂进两轴间的空隙碾轧，棉籽就被挤出来，棉纤维（皮棉）被带到前面。搅车的应用，大大提高了生产效率。

在弹松棉花的过程中，黄道婆把弹花用的弓从一尺多长改成四尺多长，用绳弦代替线弦，用檀木做的椎子击弦弹棉，代替了手指弹拨。这样弹出的棉花均匀细腻，提高了纱和布的质量。在纺车方面，黄道婆跟木工师傅一起，经过反复实验，把用于纺麻的脚踏纺车改成三锭棉纺车，使纺纱效率一下子提高了两三倍，而且操作也很省力。

在黄道婆的带领下，乌泥泾从事纺织业的人越来越多。乌泥泾的棉纺织技术和新设备传遍了江浙一带，使松江一度成为全国棉纺织业的中心。

黄道婆回乡后没几年就离开了人世。当地流传着这样一首歌谣：“黄婆婆，黄婆婆，教我纱，教我布，两只筒子两匹布。”

【解读】

黄道婆从黎族人民那里学到了精湛的纺棉织布技术，看见黎族妇女的纺织技术和工具都比她家乡的先进。后来她带着黎族人民创造的先进纺织工具和技术，依依不舍地告别了黎族同胞，乘船回到了阔别三十多年的松江乌泥泾。但黄道婆没有拘泥于黎族的新技术，而是根据自己几十年丰富的纺织经验，与当地群众一起，对当地落后的纺织技术和工具作了大胆改革。可见，学习新技术但不应拘泥于新技术，可以因地制宜进行灵活变通。

行程万里著“游记”

【名言】

路漫漫其修远兮，吾将上下而求索。

——屈原《离骚》

【故事】

徐霞客整日埋头于文学、历史、地理图志、地方志一类书籍之中，不觉已年届19岁。在刻苦攻读的过程中，他发现，以前的地理书籍，多半讲疆域沿革、风土人情一类的事，对山川自然风貌总是含糊其辞，一笔带过。可见，这些著书人大都是闭门造车，转相抄袭，很少亲自外出考察。所以对同一问题，各书往往相互矛盾，不知所云。他暗下决心，一定要踏遍华夏山河，通过实地考察，校正古书谬误，为后人了解祖国地理地貌提供准确资料。谁知，就在他正要整装出发的时候，父亲突然病故。按照封建社会孝子须守孝3年的规矩，他只好耐着性子在家里继续埋头读书。待服丧一满，徐霞客立即与慈母爱妻依依告别，踏上了艰难的旅程。

徐霞客主仆三人攀登雁荡山时，已是他外出考察的第5个年头了。5年来，他白天跋山涉水，晚上不管怎样疲累，总要在昏暗的灯光下坚持写游记，从无一日间断。这个习惯，一直保持到他最后一次考察。夏日山间的气候，说变就变。刚才还是丽日晴天，转瞬间已是暴雨倾盆。

徐霞客等人顿时被淋成落汤鸡。他们踏着泥泞的山路，冒雨前行。待来到雁荡山时，正好雨终天晴，彩虹高悬。被大雨冲洗过的重峦叠嶂，更加雄奇挺拔，秀美绝伦。徐霞客深深陶醉在这迷人的山色之中，不觉信步走到大小龙湫，那瀑布犹如两匹白练垂空而下，直泻深潭，卷起千堆雪，轰鸣之声响彻山谷。据方志记载，大小龙湫之水源为山顶宕湖，但不知是否如此？徐霞客边看边想，决定亲自登上山顶，看个究竟。第二天天刚微明，他便从西边开始登山。那山脊如削，险峻陡峭，根本无路可走，而且藤缠枝绕，荆棘丛生，动辄刮得人鲜血淋漓。

他好不容易手足并用爬上一座峭壁时，却发现上面连立足之地都没有。低头一看，下面的峰顶倒有一个小小的平台。他只得用绳子系住山顶大石，攀援而下，不料绳子被岩石磨断，好在他的脚已接近平台，否则掉进深渊，必将粉身碎骨。夜间，月光如水，照着浑身酸痛的徐霞客。想起白天的经历，他还真有些后怕。不过，对于生死，他本已置之度外。只要能考察出结果，便感到心满足。20 年后，徐霞客又重游雁荡山。这次，他在僧人的带领下，从东面登山，遍游诸峰，终于找到了宕湖。不过，他发现，湖中流出的两股水，与大小龙湫毫不相干，志书所记，纯属谬误。

在艰辛而充满乐趣的搜奇访胜之中，徐霞客度过了青壮年时代，转眼已是两鬓染霜，年过半百。这期间，他专程游览了各地的名山胜迹，如江苏的太湖，山东的泰山、孔陵、孟庙，浙江的天台山、雁荡山，安徽的白岳、黄山，江西的庐山，福建的武夷山、九鲤湖，河南的嵩山，陕西的太华山，湖北的武当山，广东的罗浮山，山西的恒山、五台山等。51 岁以后，他又万里远游，开始对湖南、广西、贵州、云南等省区的石灰岩地貌进行了长期的考察。临行前，他嘱咐妻儿道："你们就当我已经不在人世了，自己好自为之。"表示了自己献身科学的决心。

1637 年正月的一天，徐霞客来到湖南茶陵以西的一个小镇。在客店吃饭时，他向店主打听道："老哥，不知去麻叶洞怎么个走法？"店主一听"麻叶洞"三个字，脸色顿时大变，惶惶然回答说："快不要提麻叶洞，里面的妖精年年作怪，有两个书生不听劝，进去就再没出来！"

徐霞客听店主这么一说，游兴反而大增。好不容易盼到天明，立即按照打听的路线直奔麻叶洞而去。到得洞口，四下一看，只见奇峰高耸，怪石嶙峋，那麻叶洞在松柏掩映之下，隐约可见。好个险恶去处！他不慌不忙，徐徐点燃手中火把，便向黑洞钻将进去。那洞口甚是狭窄，仅容一人通过。洞内冷气袭人，阴森可怖，不时有水珠猛不防滴在颈上，令人毛骨悚然。也不知七拐八弯走了多少时间，只见侧面突然有一丝亮光，徐霞客忙绕了过去，随即被眼前的奇景惊得目瞪口呆：头顶的巨石上，齐刷刷裂开一丝狭缝，阳光从缝隙中射入，把洞中的景象映得宛如仙境一般。朦胧中，但见根根石柱从洞顶垂下，棵棵石笋从地上生出，千姿百态，变化万千，令人目不暇接。徐霞客心中明白，这是流水侵蚀岩石，溶化在水中的石膏（碳酸钙）逐渐凝结而形成的。像这样奇特的景观，他还是第一次见到，不觉暗自庆幸，亏得没听店主的话，否则岂不遗恨终生？

后来，在西南地区，徐霞客又多次仔细考察过石灰岩地貌，曾先后探访过 101 个岩洞。在他的笔记里，详尽地记述了溶蚀对这里地貌所起的不可抗拒的巨大作用。溶蚀，不仅能造成孤立突兀的奇峰和圆形的洼地，还能形成状如门洞的“天桥”以及岩洞中奇妙绝伦的石钟乳、石笋。对石灰岩地貌做如此广泛深入的考察和详细记录，徐霞客是世界第一人，比欧洲最早描述和考察石灰岩地貌的爱士培尔早 100 多年，而比欧洲最早对石灰岩地貌进行系统分类的罗曼更是早了 200 多年。可以毫不夸张地说，徐霞客是世界上研究石灰岩地形地貌的伟大先驱者。

徐霞客从 22 岁开始旅行考察，在 30 多年漫长的岁月中，弃家别舍，耗尽积蓄，常年栉风沐雨，风餐露宿，历尽了千难万险。他曾失足掉进急流之中，险些丧命；他曾 3 次绝粮，不得不空腹而行；他曾两度遇盗，财物被抢劫一空……但是，任何艰难险阻，都不曾动摇过他考察祖国山川的坚强意志。直到 1640 年，他卧病不起，才被人用轿抬回家乡。第二年，他就离开了人世。

徐霞客一生行程数万里，把汗水撒在了大半个中国的土地上。他的心血，凝成一部不朽的巨著——《徐霞客游记》。这部游记是徐霞客 30 余年旅行考察的真实记录。他不仅用优美的文字生动、准确、详尽地记载了祖国丰富的自然资源和地理景观，而且对一些自然地理现象做出了许多超越前人的科学论断和解释，揭示出不少合乎科学的自然规律，具有极高的科学价值，为后人的研究提供了极其珍贵的资料，被人称为“古今游记第一”。英国科学史专家李约瑟也赞叹说：“他的游记读来并不像是17世纪的学者所写的东西，倒像是一部20世纪的野外勘察记录。”

令人遗憾的是，这部游记未能在徐霞客在世时编订成册。后来，由于清兵南下，徐霞客的儿子及大部分亲人都不幸遇难，游记手稿在战乱中遗失了。直到135年之后，他的后人多方寻求，终于找到手稿残本，经过校订，刊刻问世。全书凡20卷，40万字，仅为原著的1/6。

【解读】

徐霞客在刻苦攻读的过程中，发现以前的地理书籍，多半讲疆域沿革、风土人情一类的事，对山川自然风貌总是含糊其辞，一笔带过。可见，这些著书人大都是闭门造车，转相抄袭，很少亲自外出考察。所以他暗下决心，定要踏遍华夏山河，实地考察。正是这种意志，才使他成为世界上研究石灰岩地形地貌的伟大先驱者。后人应该学习他不畏艰难险阻的坚强意志。

在创新中求富强

创新是经济社会发展的不竭动力，是当今时代的重要特征。无论是国家道路还是体制建设，乃至经济发展模式和发展文化都不能离开创新，要不断创新发展理念、发展思路，培养造就富有创新精神的人才队伍，培育全社会的创新精神，实现祖国的强大与富强。

失手的开锁大师

【名言】

人类的创新之举是极其困难的，因此便把已有的形式视为神圣的遗产。

——蒙森

【故事】

一代魔术大师胡汀尼有一手绝活，他能在极短的时间内打开无论多么复杂的锁，从未失手。他曾为自己定下一个富有挑战性的目标：要在六十分钟之内，从任何锁中挣脱出来，条件是让他穿着特制的衣服进去，并且不能有人在旁边观看。

有一个英国小镇的居民，决定向伟大的胡汀尼挑战，有意给他难堪。他们特别打制了一个坚固的铁牢，配上一把看上去非常复杂的锁，请胡汀尼来看看能否从这里出去。

胡汀尼接受了这个挑战。他穿上特制的衣服，走进铁牢中，牢门“哐啷”一声关了起来，大家遵守规则转过身去不看他工作。胡汀尼从衣服中取出自己特制的工具，开始工作。

三十分钟过去了，胡汀尼用耳朵紧贴着锁，专注地工作着；四十五分钟，一个小时过去了，胡汀尼头上开始冒汗。两个小时过去了，胡汀尼始终听不到期待中的锁簧弹开的声音。他筋疲力尽地将身体靠在门上坐下来，结果牢门却顺势而开，原来，牢门根本没有上锁，那把看似很厉害的锁只是个样子。

小镇居民成功地捉弄了这位逃生专家，门没有上锁，自然也就无法开锁，但胡汀尼心中的门却上了锁。

【解读】

故事中开锁大师最终败在了一把没有上锁的锁头上。其实，这一点也不新奇，高手通常在小河沟里翻船，就是因为他们没有想到打败他们的是这么一个微不足道的东西。所以，要适时地转变思维，也许，结果会不一样。

搬一把椅子进微软

【名言】

如果你要成功，你应该朝新的道路前进，不要跟随被踩烂了的成功之路。

——约翰·D. 洛克菲勒

【故事】

1998 年，微软为了进一步扩展在中国的业务，决定公开高薪招聘一名中国公司总经理。微软是世界软件业巨头，加上优厚的报酬，一时间应聘者多如过江之鲫。

经过初试，又经过几轮面试，最后入围的只有三个人。一个是毕业于名牌大学的博士，有好多项科研发明；另一个应聘者正在另一家大公司任要职；而第三个人则任职于 IBM，但她的学历很糟糕，她甚至没上过大学。

最后的面试在一间很大的房间里，微软中国区的几位负责人坐在一张大桌子后面，等面试快开始时，才发现少了一把供应聘者坐的椅子。工作人员正要去外面搬椅子，一位面试官说：“就这样吧，没有椅子也好。”

第一个进去面试的是那位博士，一位面试官说：“你好，请坐！”

博士四周看看，并没有发现椅子，充满笑意的脸立刻转为尴尬和茫然。“请坐下来谈。”另一位面试官说道。博士更加不知所措了：“没关系，我就站着谈吧。”面试不到一会儿就结束了。

接下来是在大公司任要职那位，面试官还是要求坐下来谈，他谦恭地笑道：“可能是工作人员的疏忽吧，没关系，我还是站着谈吧。”一位面试官似乎恍然大悟：“请原谅我们工作上的失误。那就委屈你一下吧。”面试只是谈了五六分钟。

最后面试的是那位女士。她四处看了一下没有椅子，微笑着说：“您好，我可以去外面搬一把椅子进来吗?”一位面试官笑着答应：“为什么不可以呢?”最后，面试进行了近一个小时。

三天后，面试结果出来了，出任总经理的是最后一位应聘者。很多人很不解，她没有什么显赫学历，又是一位女士，能胜任这样重要的职位吗?

微软中国公司负责人给出的答案很详细：连自己搬一把椅子的勇气都没有，这样的人怎么可能开拓市场?没有自己的思想和见解，一切的经验和学识都毫无价值。

事实也证明这位负责人的判断是正确的，这位女士就是仅用七个月就完成全年13%的销售额、成功帮助微软打开中国市场的打工皇后吴士宏。

【解读】

打工皇后吴士宏，在层层的面试对手中脱颖而出，就是在于她敢于从面试官手中要一把椅子。

吴士宏的成功之道在于，说出自己敢说的话，做自己敢做的事，面对威严的面试者，改变自己处于弱势的地位，说自己想说的，她因此而成功了。

只贷1美元的人

【名言】

一个具有天才禀赋的人，绝不遵循常人的思维途径。

——司汤达

【故事】

意大利商人弗朗西斯走进一家银行的贷款部，大大咧咧地坐下来。“请问，有什么需要帮忙的吗？”贷款部经理一边问，一边打量着一身名牌穿戴的弗朗西斯。

“我想贷款。”

“好啊，您要贷多少？”

“1美元。”

“啊？只需要1美元？”

“不错，只贷1美元。难道不可以吗？”

“当然可以。只要有担保，再多点也无妨。”

“好吧，这些担保可以吗？”弗朗西斯说着，从豪华的皮包里取出一堆股票、国债等等，放在经理的写字台上，说：“这些东西的总价值大概有5多万美元，够了吧？”

“当然，当然！不过先生，您真的只要贷1美元吗？”

“是的。”说着，弗朗西斯接过了1美元。

“年息为6%。只要您付出6%的利息，一年后归还，我们就可以把这些股票还给您。”

“谢谢。”说完，意大利人就准备离开银行。

银行的行长这天正在这里，他一直在旁边冷眼观看。他怎么也弄不明白，一个拥有5万美元的有钱人，怎么会来银行贷1美元。

他匆匆忙忙地赶上前去，对弗朗西斯说："啊，这位先生请留步！"

"有什么事情吗？"佛朗西斯问。

"我实在搞不明白，您拥有5万美元，为什么只贷1美元呢？要是您想贷个三四十万美元，我们也会很乐意的……"银行行长说。

"谢谢你的好意。看在你这么热情的份儿上，我不妨将实情告诉你。"弗朗西斯微笑着说，"我是来贵地做生意的，感觉随身携带这么多的钱很碍事，就想找个地方存放起来。在来贵行之前，我问过好几家金库，他们保险箱的租金都很昂贵。所以嘛，我就准备在贵行寄存这些股票。租金实在太便宜了，一年只需花6美分……"

【解读】

对许多人来说，贵重物品应存放在金库的保险箱里，这是唯一的选择。但商人弗朗西斯没有受限于常情常理，而是另辟蹊径，找到让证券锁进银行保险箱的办法。从可靠与保险的角度来看，两者确实是没有多大区别的，除了收费不同之外。这样可能比存保险箱更保险，因为保险箱也可能被别人盗走，或者被别人知悉密码，而放到银行保险箱是绝对安全的——如果出问题，就得由银行来负责。聪明的选择，在于打破常规，寻求变通。这就是弗朗西斯的智慧之处。

面包是什么东西

【名言】

自以为是乃是我们天生而原始的弊病。

——蒙田

【故事】

几位哲学家、逻辑学家和法律学家正在王宫讨论某一个问题，他们各自提出自己的见解，可谁也不服谁而争论不休。无休止的争论使一位御史头昏脑涨，站出来说道："你们都是一群糊涂虫！"御史的这句话冒犯了这些学者，学者要求国王惩治他。国王唤来打手，命令鞭打御史五十下。

"且慢，贤明的国王陛下，"御史不慌不忙站出来说，"我提出一个问题让这些学者回答，如果他们回答得正确，我甘心情愿挨罚。"

"好吧，请提出你的问题！"国王说。

"先拿纸和笔来！"御史说。

纸和笔拿上来了，御史把纸和笔分给了这些学者，然后说道："面包是什么东西？请你们在纸上分别写出这个问题的答案。"

学者们写好答案后交到国王手里，因王开始宣读答案：

第一份答案说："面包是一种食品。"

第二份答案说："面包是面粉和水的混合物。"

第三份答案说："面包是真主的恩赐。"

第四份答案说："面包是烘烤熟了的生面。"

第五份答案说："面包是有营养的物质。"

第六份答案说："面包是可以变的，根据自己的理解可以把它做成圆的、方的、大的、小的……"

第七份答案说："面包是没有人能真正知道它到底是什么。"

国王宣读完答案，问御史："御史，你看他们回答得怎么样？"

"回答得不怎么样，本来很简单的问题，他们回答得一个比一个复杂，而且都没答到点子上。"御史说。

"那么，你来回答一下这个问题。"国王说。

"非常简单，面包是吃的东西！"御史说。

国王觉得有理，取消了对御史的处罚。

【解读】

很多假学者为了显示自己的才能，总是把简单的问题复杂化。殊不知，最智慧的回答就是最简练的回答。在生活中，往往多数人会和那些假学者有一样的想法，但只有少数人才是真正懂得变通的智者，他们在变通中寻找答案，往往轻而易举使问题迎刃而解。

癌症病人的旅行

【名言】

思考是人类最大的乐趣。

——布莱希特

【故事】

医院的病房里同时住进来两位病人，都是鼻子不舒服。在等待化验结果期间，他们聊了起来。艾伦说，如果是癌，立即去旅行，并首先去科罗拉多大峡谷。霍华德也同样如此表示。结果出来了，艾伦得的是鼻癌，霍华德长的是鼻息肉。

艾伦列了一张告别人生的计划表离开了医院。艾伦的计划表是：去一趟科罗拉多大峡谷；从美国纽约坐船一直到英国利物浦；到英国住一段时间后去法国以卢浮宫为背景拍一张照片；然后去澳大利亚过一个冬天；接着从墨尔本坐飞机到中国的北京，登上长城，要在有生之年当一回“好汉”；读完莎士比亚的所有作品；力争听一次三大男高音的演唱会；写一本回忆录。凡此种种，共27条。

他在这张生命的清单后面这么写道：我的一生有很多梦想，有的实现了，有的由于种种原因没有实现。现在上帝给我的时间不多了，为了不遗憾地离开这个世界，我打算用生命的最后几年去实现还剩下的这27个梦。

当年，艾伦就辞掉了公司的职务，去了科罗拉多大峡谷。第二年，又以惊人的毅力和韧性通过了自己梦寐以求的专业资格证书，读完了莎士比亚的所有著作。这期间，他登上过长城，去了卢浮宫，还在冬天的墨尔本游泳。现在艾伦正在实现他出一本回忆录的宿愿。

有一天，霍华德在报上看到艾伦写的一篇游记，打电话去问艾伦的病。

艾伦说，我真的无法想象，要不是这场病，我的生命该是多么的糟糕。是它提醒了我，去做自己想做的事，去实现自己想去实现的梦想。现在我才体味到什么是真正的生命和人生。你生活得也挺好吧！

霍华德没有回答。因为在医院时说的，去科罗拉多大峡谷的往事，早已因患的不是癌症而放到脑后去了。

【解读】

在这个世界上，其实每个人都患有一种“癌症”，那就是不可抗拒的死亡。我们之所以没有像那位患鼻癌的人一样，列出一张生命的清单，抛开一切多余的东西，去实现梦想，去做自己想做的事，是因为我们认为自己还有变通的资本，还有改变的可能。也正是因为如此，我们才有理由坚持并实现梦想，而不是将其带进坟墓。

其实没有那么糟

【名言】

思维是灵魂的自我谈话。

——柏拉图

【故事】

达科特在同事当中的人缘很好，每次当同事对他倾诉“嗨！我现在的处境糟糕透了，我必须好好和你谈谈”时，达科特此时就会反问他们：“这难道是你一生中最艰难的时刻吗?”

这往往让他们无语而陷入沉思。

“不是，”他们往往答道，“最困难的时候比这还要糟。”

“那好，”达科特接着说，“如果你用度过最艰苦时刻的状态去应付现在的话，将会很快度过面前的这个难关。”在这方面，达科特有切身的经历。如果那些同事还觉得难以应付的时候，他就会将自己还在空军服役的那段生死经历，告诉对方，让对方觉得自己很幸福。

那是一次冬季飞行，达科特突然感到飞机上比自己想象的要热一些。不久，达科特注意到座舱越来越热，他伸手过去想关掉开关，但是他发现它已经是关闭状态。

系统出故障了，无论达科特怎样做，都有越来越多的热空气奔向驾驶舱。没有办法控制温度。那时，他们正飞行在恶劣的冬日风雪中——暴风、大雪、冰雹等等，外面情况险恶，里面还有一个更大问题，热浪在座舱中肆虐，他却毫无办法。

达科特发信号给控制台，解释自己的处境，他决定不飞原定的目的地，而是应当尽快返回他们起飞的地方。达科特找到一个安全的区域，在控制台的允许下作低空飞行。那样他就可以尽快用掉燃料而返航。那时节所有的热气涌入座舱，热得达科特几乎无法进行思考。

降到低空后，达科特做了个27度大旋转，并做了一些技巧动作来加快耗掉燃料。点燃后燃器，而后将它关掉，同时又将油门推回到后燃器位置，这样燃烧器不会再点燃，但多余的燃料会从尾管中源源不断地排出去。这可能是“最差”的卸掉燃料的方法了。

突然座舱充满了烟雾，达科特的双眼开始流泪。除冻器也受不了高温，开始燃烧。达科特快要脱水了！那时他真想将驾驶舱顶篷弹掉来逃离热气，但恶劣的天气仍会使无顶篷的着陆危险不堪，因而座舱的炼狱继续着。

飞机的燃料耗得差不多了，达科特和要着陆的机场联系，想直接飞回机场。人人都知道这很危险，因而达科特征求地面控制台的意见。

地面控制台告诉达科特，由于机场风雨突然反向，着陆必须和平常的方向相反。他们正匆忙计算一些数据，当时还无法给他一些降落的信息。达科特的眼睛开始刺痛，眼泪已让他无法看东西了，幸运的是呼吸还没有问题，因为有氧气罩。

最后，地面控制台开始指引他降落。达科特什么也看不见，云雾几乎笼罩着地面，他们让达科特从最小倾斜度降落，那样如果低空没有云层的话，可以再兜一圈重试。达科特冲出了云层，但前方却没有跑道。跑道在他左边 3 米处，一切危险都到齐了，本不应该发生的都在今天来了。

达科特把操纵杆向前推，飞机上升，又飞回了云层。

“让我们告诉你如何做”，地面控制台说道，“我们来告诉你同时转向及转多少度角，以及何时离开。”达科特仔细按照他们的指引去做。他在风雪中如瞎子般盲目飞翔着，祈祷来自地面的声音能让自己从云层中钻出来，出来时一个长而美的跑道能够正好展现在自己的面前。

第二次，恰好达科特飞到一个云层开裂处，他能看见了——否则只好重来——穿过云层，他能分辨出自己所处的位置，很好，这次我只是偏有了 5 米，他立即向左转了个 7 度的大弯……好了，这次正对着跑道。

但是此时，达科特已经快到了跑道的尽头了，如果他试着降落的话，到跑道尽头处飞机肯定还会有很高的速度——这不是个太好的主意。

这时，达科特想起了这样一句话：“如果你没有选择的话，那么就勇敢迎上去。”除了将飞机拉起来盘旋一圈后再来一次，他别无选择。再试一次是很危险的，因为有很多细小的东西要校对，那一刻，达科特毫无遗漏的照控制台发给自己的指引去做。现在有个好现象，就是座舱开始变凉快了，因为除冻器已经报销了。但此时，达科特又陷入燃料耗尽的困境中，他开始后悔放掉了那么多燃料，他只剩下再来一次的燃料。他呼叫：“如果此次我还不成功的话，给我指定一个人烟稀少的区域，我将跳伞。”

达科特又来了一次，这次，当他还在云层中时，控制台就告诉他太靠左了，于是，他又向右转了一些。

但是控制台又重复到：“你太靠右了，立即向左转！”达科特还是看不到跑道。但基于两次右转尝试，他想：“我可能已经到了正确位置，凭感觉我不想再改变位置了。”

很多时候我们都要决定是听取别人的建议还是相信自己的感觉。达科特飞快地做了选择。一旦做完选择，他就会面临三个结果：五秒钟内，他可能在跑道上，可能在降落伞上，还可能死去。达科特当然选择降落在跑道上。毫无疑问，他根本就不想跳伞。

当达科特冲出云层时，跑道正摆在他面前。飞机着陆了，就在达科特将飞机停下来时，发动机自动熄火了，燃料已用尽了。

回过头来看看，如果这期间达科特浪费时间和精力来抱怨该死的情况的话，他会毁了自己和飞机。幸运的是，达科特没有抱怨而是泰然处之。

此后，每当困难和低沉时，达科特总是对自己说："是的，这难道比那次空中遇险还要糟吗？当然不！我想那时我能挺过来，什么事我都会挺住的。"

【解读】

人们总是习惯将摆在自己面前的问题视为自己所遇到的最困难的问题。这时，我们应该想想，事实上真的有那么严重吗？遇到问题先不要下结论，想想是否比以前遇到的问题更棘手。如果以前比这项更棘手的问题你都解决了，这件相对容易的事情为什么不能解决呢？

将军与毛皮商人

【名言】

把自己体验到的感情传达给别人，而使别人为这感情所感染，也体验到这些感情。

——托尔斯泰

【故事】

曾经有一位将军，他的部队在一个四周无比荒凉的小镇上作战。当他意外地与他的军队脱离时，一群敌人盯上他，开始在弯曲的街道上追逐他。将军开始逃命，并潜入僻巷中的一家小毛皮商人家。当将军气喘吁吁地逃入店内时，他对毛皮商人可怜地大叫：

“救救我，救救我！我可以藏在哪里？”

毛皮商说：“快点，藏在角落的那堆毛皮底下！”然后他用很多张毛皮盖住将军。

当毛皮商人帮他遮盖完，敌方部队就已冲到门口，大喊：“他在哪里？我们看见他跑进来了！”不顾毛皮商人的抗议，他们把毛皮商人的店给拆了，想找到将军。他们将剑刺入毛皮内，但是没有发现他。不久，他们放弃并离开了。

过一会儿，正当将军的贴身侍卫来到门口时，他毫发无损地从毛皮下爬出来。毛皮商向将军胆怯地说：“原谅我对一个将军问这个问题，当您躲在毛皮下时，知道下一刻可能是最后一刻，那是什么样的感觉？”

将军站稳身子，愤怒地向毛皮商人说：“你竟然对一个将军问这样的问题？警卫，将这个不知轻重的人带出去，蒙住眼睛，处决他。我，本人，将亲自发布枪决命令！”

警卫捉住那可怜的毛皮商人，拖到外面面壁而立，蒙住双眼。毛皮商人看不见任何东西，但是他可以听到警卫的动作，当他们慢慢排成一列，准备他们的步枪时，他可以听见自己的衣服在冷风中簌簌作响。他可以感觉到寒风正轻轻摇着他的衣摆、冷却他的脸颊，他的双脚正不由自主地颤抖着。然后，他听见将军清清喉咙，慢慢地喊着“预备……瞄准……”在那一刻，他知道甚至这一些无关痛痒的感伤都将永远离他而去，而眼泪流到脸颊时，一股难以形容的感觉自他身上奔泻而出。

经过一段长时间的安静之后，毛皮商人听到有脚步声靠近他，他的眼罩被解了下来。因为突然的阳光使得他睁不开眼，他可以看见将军的眼睛深深地又故意地望着他自己的眼睛，似乎想看穿他灵魂里的每一个角落。然后将军轻柔地说：“现在你知道了。”

【解读】

要让人知道一种感受，并且让这种感受永生难忘，最好的方法就是

富强篇

让他也亲身经历一回，尤其有些是不能经由自己说出口的感受。

聪明的商人

【名言】

智力取消了命运，只要一个人在思考，他就是自主的。

——爱默生

【故事】

从前，有位商人和他长大成人的儿子一起出海远行。他们随身带上了满满一箱子珠宝，准备在旅途中卖掉，但是没有向任何人透露过这一秘密。一天，商人偶然听到了水手们的谈话。原来，他们已经发现了他的珠宝，并且正在策划着谋害他们父子俩，以掠夺这些珠宝。

商人听了之后很害怕，他在自己的小屋内来回地走动，试图想出个摆脱困境的办法。儿子问他出了什么事情，父亲于是把听到的全告诉他。

年轻人大叫道："和他们拼了！"

"不，他们会制服我们的！"父亲回答说。

"难道要把珠宝交给他们吗？"

"也不行，他们会杀人灭口的。"

没过多久，商人满腔怒气地冲上了甲板。"你这个蠢儿子！你向来就不听我的忠告！"他叫喊道。

"老头子！你说的每一句话都无法让我听进去！"儿子也喊着回答。

父子俩的行为引起了水手们的注意，他们好奇地聚集到周围。

突然，老人冲向他的小屋，拖出了他的珠宝箱。"忘恩负义的东西，我宁愿死于穷困，也不会让你继承我的财富。"商人尖叫道。说完这些话，他打开珠宝箱，水手们的眼睛都直了，里面的珠宝价值连城。商人又冲向了栏杆，在别人阻拦他之前他将宝物全都投入了大海。

过了一会儿，父了俩都直直地盯着那只箱子，然后两人躺倒在一起，为他们所干的事而哭泣不止。后来，当他们单独一起待在小屋时，父亲说：“再没有其他的办法可以救我们的命，我们只能这样做！”

“是的，您这个法子是最好的。”儿子答道。

轮船驶进了码头后，商人同他的儿子急急忙忙地来到城市的地方法官那里。他们指控了水手们的海盗行为和所犯的企图谋杀罪，法官下令逮捕了那些水手。法官问水手们是否看到老人把他的珠宝投入了大海，水手们都一致说看到过。于是法官判他们有罪。法官问道：“一个人在什么样的情况下才会舍弃他的一生积蓄而不顾呢？只有当他的生命遇到危险时才会这样去做！”水手们主动赔偿了商人的珠宝，法官因此饶了他们的性命。

【解读】

成功的人不仅在创业、经商的开始阶段拥有独到的眼光，运用自己的智慧，使自己取得别人难以企及的成就。他们在危难之际，更是能够善于运用智慧，使他们最终能够摆脱危险的侵害。

让通道窄一些

【名言】

企业的成败在于能否创新，尤其是当前新旧体制转换阶段，在企业特殊困难时期，更需要有这种精神。

——黄汉清

【故事】

法国的明天超市是一家很大的超市。但超市开业初期生意却十分不好。董事长费尔于是将自己的烦恼告诉朋友凯恩。凯恩是一位社会心理学家。他到超市转了一圈后，认为是通道设计出了问题，超市里的通道过于宽敞。他建议费尔，将店里所有的通道由宽变窄。

费尔大惑不解，但还是照凯恩的提议，重新设计了通道。没想到，这一看似不起眼的改变，却产生了惊人的效果。前来购物的人渐渐多了起来，人们逗留在超市里的时间也相对长了许多。两个月后，明天超市的销售额竟然翻了一倍。

费尔于是十分高兴地去请教凯恩这一切的原因，凯恩解释道，人们通常逛商场时，都有一种特定心理，那就是对物品所产生的“新密度”。如果道路过宽，人们就会失去与物品所产生的“亲密度”。如果道路过宽，人们就会失去与货物的亲近感，从而丧失购物欲，就会像很多人逛街一样走过而不买任何东西。而一旦过道变窄，货架与商品就在身边，那么很容易刺激顾客的购买欲望，于是生意好起来也就理所当然了。

【解读】

面对冷淡的生意，费尔很是苦恼，或许他想过很多可能造成生意不景气的原因，也尝试了很多自己所能想到的办法，但是直到凯恩出现，他的问题才迎刃而解，而凯恩所做的，只是一个很简单的变通，那就是让过道窄一些。虽然看似平淡无奇，但是变通的效果却显而易见。

借总统促销

【名言】

若无某种大胆放肆的想象，一般是不可能有进展的。

——爱因斯坦

【故事】

从前，有位美国出版商，他的手中有一批滞销书，久久不能脱手。一天，他想出了一个主意。

他给总统寄去一本书，并三番五次地征求总统的意见。忙于政务的总统不堪其烦，于是便敷衍道：“你这本书不错。”于是，他立刻打出一则广告：“我处现有一本总统认为不错的好书，欲购从速。”人们蜂拥而至，书被抢购一空。

不久后，这位出版商又有批书卖不动了，他又给总统寄去一本书。这回，总统有心奚落他。便说道，“你这本书简直糟透了。”

出版商知道后，随即打出广告“本处现有一批总统先生认为糟透了的书，欲购从速。”结果，书又被人们抢购一空。

第三次，这位出版商又故伎重演。这次，总统接受了前两次的教训，于是不置可否。这位出版商，灵机一动又打出一则广告：“我处现有一本连我国总统也难以下结论的书，欲购从速。”结果书还是被抢购一空。

【解读】

面对总统的第一次评价，很多人都会借题发挥，借机炒作，从而收获成功。但是面对第二次总统的态度，相信很多人一定觉得懊恼了，更不会有第三次去找总统。但是美国这位出版商却每次都能从总统的评价中捞取“价值”，即便评价是“很糟糕”甚至没有评价。这就是一种变通，一种无比智慧的创新。

柱子短了

【名言】

我们要记着，作了茧的蚕，是不会看到茧壳以外的世界的。

——李四光

【故事】

有一次，鲁班率众工匠建造一座华丽的厅堂。眼看就要到盖屋顶的时候，他突然发现他把名贵的香樟木柱锯短了，要知道，这批香樟木价格昂贵，就算赔主人，也会耽搁工期。

鲁班回家后，妻子发现他愁眉苦脸，问明原因后，她笑着说道："亏你还是木工头儿呢，这种简单的问题也解决不了。"

鲁班问道："你有什么好办法，快点说。"

妻子说道："你说我的身材高不高啊。"

鲁班说："不高，还不到我肩膀。"

妻子又问："那我如何同你差不多高呢？"

鲁班答道："你站在台阶上就和我差不多高了。对啊！"鲁班恍然大悟，在妻子的提示下，他后来在每根香樟木柱下垫起一块白柱石，成功地解决了问题。

【解读】

有时候，顺着问题表面去想，越是挣扎越是没有头绪，往往想破头皮也一筹莫展。但往往逆向行之，用创新与变通的思维，却能得到出奇的效果，因为创新与变通往往会为人们提供一条甚至多条不一样的路径，带你走出困境。

毛姆读书

【名言】

一些陈旧的、不结合实际的东西，不管那些东西是洋框框，还是土框框，都要大力地把它们打破，大胆地创造新的方法，来解决我们的问题。

——李四光

【故事】

毛姆是英国著名的作家。可谁知道，他在成名前，经常饿着肚子写小说。一天，毛姆的作品出版了，可他没钱做广告。于是，他决定另辟蹊径。他来到一家报社广告部，广告部经理对他说："亲爱的毛姆先生，您有那么多钱做广告吗?"

"不，我做征婚启事。"毛姆答道。说完，他递上了早拟好的征婚广告，广告部主任看完，不由得笑了起来。

几天后，报纸上登出这样一则征婚启事："本人喜欢音乐和运动，是个年轻而又有教养的百万富翁，希望能和毛姆小说中的女主角那样性格的女性结婚。"女性读者们看完启事，很多人飞快地冲向书店，抢购毛姆作品，她们都想了解一下毛姆小说里的女主角到底是什么性格的人。

伦敦的书店，涌来一批又一批求购毛姆小说的人，最终他的书一下子就卖完了。靠卖小说得来的钱，毛姆更坚定地投入了创作事业，果真后来成了世界知名作家。

【解读】

相比昂贵的广告费，可谓穷光蛋的毛姆却如愿打出了自己的广告，可以说是以小搏大的典例。庸碌者说这是投机，甚至是凑巧走运，但智者却感悟，这种成功不是偶然，而是一次注定的创新与变通的结果，最终毛姆的成功也正诠释了这一点。

集成文具

【名言】

独创常常在于发现两个或两人以上研究对象或设想之间的联系或相似之点。

——贝弗里奇

【故事】

玉村浩美是日本一位女职员。她所在的普拉斯文具公司由于经营不善，处于破产的边缘。

玉村浩美事业心极强，为公司谋求生存，她想到了以“文具组合”的形式来卖商品。她的“文具组合”说来也很简单，就是把“尺子、透明胶带、卷尺、小刀、订书机、剪成、胶水”七件小文具装在一个盒子里出售。

公司董事会在讨论玉村浩美的建议时，分为两派：一派认为，本来分散的小文具经过组合后，一笔生意等于原先的七笔生意，销售额就会随之增加。另一派则认为，在生活中，人们往往只缺少一两样文具，何必去一次购买七件文具呢?

最终，因玉村浩美的计划实施起来比较容易，公司准备尝试一下。没想到，“文具组合”一经问世，竟成了热销商品。原来，人们使用小刀、尺子、胶带之类的文具，喜欢随用随丢，经常在用时找不到，而“文具组合”的七件文具各有其位，就不会出现随用随丢的现象了，况且七件文具组合也不贵。

普拉斯公司从1995年开始销售“文具组合”，在短短的16个月内，竟然销售了34万个，公司摆脱了经营困境，飞速发展起来了。董事们后来又总结出一条成功经验，他们发现原来分散的小文具只有“使用价值”而将文具组合起来，不但有使用价值，而且有了“保存价值”。于是，顾客的购买心理便从“想使用”变成了“想拥有”，这正是畅销的真正原因所在。

【解读】

商品还是那些商品，然而经过不同的拆分组合，却有了不一样的销售表现，这就是创新的意义。商品如此，生活、工作更是如此，只有懂得创新，懂得在变通中优化配置手中的资源，成功或许就在不远处。

鲁班发明锯的故事

【名言】

要创新需要一定的灵感，这灵感不是天生的，而是来自长期的积累与全身心的投入。没有积累就不会有创新。

——王业宁

【故事】

相传有一年，鲁班接受了一项修建一座巨大宫殿的任务。这座宫殿需要很多木料，他和徒弟们只好上山用斧头砍木，当时还没有锯子，效率非常低。一次上山的时候，由于他不小心，无意中抓了一把山上长的一种野草，却一下子将手划破了。鲁班很奇怪，一根小草为什么这样锋利？于是他摘下了一片叶子来细心观察，发现叶子两边长着许多小细齿，用手轻轻一摸，这些小细齿非常锋利。他明白了，他的手就是被这些小细齿划破的。

后来，鲁班又看到一条大蝗虫在一株草上啃吃叶子，两颗大板牙非常锋利，一开一合，很快就吃下一大片。这同样引起了鲁班的好奇心，他抓住一只蝗虫，仔细观察蝗虫牙齿的结构，发现蝗虫的两颗大板牙上同样排列着许多小细齿，蝗虫正是靠这些小细齿来咬断草叶的。这两件事给了鲁班很大启发。于是他就用大毛竹做成一条带有许多小锯齿的竹片，然后到小树上去做试验，结果果然不错，几下子就把树杆划出一道深沟，鲁班非常高兴。但是由于竹片比较软，强度比较差，不能长久使用，拉了一会儿，小锯齿就有的断了，有的变钝了，需要更换竹片。鲁班想到了铁片，便请铁匠帮助制作带有小锯齿的铁片。鲁班和徒弟各拉一端，在一棵树上拉了起来，只见他俩一来一往，不一会儿就把树锯断了，又快又省力，锯就这样发明了。

在鲁班之前，肯定会有不少人碰到手被野草划破的类似情况，为什么单单只有鲁班从中受到启发，发明了锯，这无疑值得我们思考。大多数人只是认为这是一件生活小事，不值得大惊小怪，他们往往在治好伤口以后就把这件事忘掉了。而鲁班却有比较强烈的好奇心和正确的想法，很注意对生活当中一些微小事件的观察、思考和钻研，从中找到解决问题的方法和思路，甚至获得某些创造性发明。这告诉我们一个道理，留意生活中许多不起眼的小事，勤于思考，会增长许多智慧。

【解读】

很多人经历过被草叶划伤手指，却没有人去在意其中的原因，即便是这其中的多数人都知道鲁班发明锯子的故事。有人将这归结于细心，当然，这种说法无需反驳，但是仅仅是细心却是不够的，因为还需要创新，一份细心，加上一份创新，往往会收获意外的惊喜。

将开口扩大一毫米

【名言】

敏于观察，勤于思考，善于综合，勇于创新。

——宋叔和

【故事】

美国有一间生产牙膏的公司，产品优良，包装精美，深受广大消费者的喜爱，每年营业额蒸蒸日上。

记录显示，前十年每年的营业增长率为1%－2%，令董事部雀跃万分。

不过，业绩进入第十一年、第十二年及第十三年时，则停滞下来，每个月维持同样的数字。

董事部对此三年业绩表现感到不满，便召开全国经理级高层会议，以商讨对策。

会议中，有名年轻经理站起来，扬了扬手中的一张纸对董事部说："我有个建议，若您要使用我的建议，必须另付我5万元!"

总裁听了很生气说："我每个月都支付你薪水，另有红包奖励。现在叫你来开会讨论，你还要另外要求5万元。是否过分?"

"总裁先生，请别误会。若我的建议行不通，您可以将它丢弃，一毛钱也不必付。"年轻的经理解释说。

"好!"总裁接过那张纸后，阅毕，马上签了一张5万元支票给那年轻经理。

那张纸上只写了一句话：将现有的牙膏开口扩大1毫米。

总裁马上下令更换新的包装。

试想，每天早上，每个消费者多用1毫米的牙膏，每天牙膏的消费量将多出多少倍呢?

这个决定，使该公司第十四年的营业额增加了32%。

一个小小的改变，往往会引起意料不到的效果。教育学生也是如此，没有一成不变的作法，针对不同学生采取不同的教育方式，才能取得满意的教育效果。

【解读】

经常，一个看似非常繁琐棘手的问题，答案却出奇的简单，但就是这个简单得不能再简单的答案总是让人们想破头皮。牙膏开口扩大一毫米，这是一个灵活的答案，却是无数人所无法想到的变通。

把握坚持与变通的尺度

【名言】

正确对待前人理论，学百家之长，自主创新。

——陈国达

【故事】

从前有两个年轻人，一个叫小山，一个叫小水，他们住在同一村庄，成为最要好的朋友。由于居住在偏远的乡村谋生不易，他们就相约到远地去做生意，于是同时把田地变卖，带着所有的财产和驴子远行了。

他们首先抵达一个生产麻布的地方，小水对小山说："在我们的故乡，麻布是很值钱的东西，我们把所有的钱换取麻布，带回故乡，一定会有利润的。"小山同意了，两人买了麻布细心地捆绑在驴子背上。

接着，他们到达了一个盛产毛坯的地方，那里也正好缺少麻布，小水就对小山说："毛皮在我们故乡是更值钱的东西，我们把麻布卖了，换成毛皮，这样不但我们的本钱回收了，返乡后还有很高的利润!"

小山说："不了，我的麻布已经很安稳地捆在驴背上，要搬上搬下多么麻烦呀!"

小水把麻布全换成毛皮，还多了一笔钱。小山依然有一驴背的麻布。

他们继续前进到一个生产药材的地方，那里天气苦寒，正缺少毛皮和麻布，小水就对小山说："药材在我们故乡是更值钱的东西，你把麻布卖了，我把毛皮卖了，换成药材带回故乡一定能赚大钱的。"

小山拍拍驴背上的麻布说："不了，我的麻布已经很安稳地在驴背上，何况已经走了那么长的路，卸上卸下太麻烦了!"小水把毛皮都换成了药材，还赚了一笔钱。小山依然有一驴背的麻布。

后来，他们来到一个盛产黄金的城市，那充满金矿的城市是个不毛之地，非常欠缺药材，当然也缺少麻布。小水对小山说："在这里药材和麻布的价钱很高，黄金很便宜，我们故乡的黄金却十分昂贵，我们把药材和麻布换成黄金，这一辈子就不愁吃穿了。"

小山再次拒绝了："不！不！我的麻布在驴背上很稳妥，我不想变来变去呀。"小水卖了药材，换成黄金，又赚了一笔钱，小山依然守着一驴背的麻布。

最后，他们回到了故乡，小山卖了麻布，只得到蝇头小利，和他辛苦的远行不成比例。而小水不但带回一大笔财富，还把黄金卖了，便成为当地最大的富豪。

【解读】

两个人，一样的条件，一样的起点，甚至一样的经历，然而在经过了不同的取舍之后，两个人的最终收获却可以用天壤之别来形容，原因很简单，成功者在于变通，平庸者在于固守。

赶快走回来

【名言】

不要迷信权威，人云亦云，要树立独立思考的精神。

——谈镐生

【故事】

有个地主去拜访一位部落首领。首领说，你从这儿向西走，做一个标记，只要你能在太阳落山之前回来，从这儿到那个标记之间的地都是你的了。

太阳落山了，地主没有走回来，因为走得太远，他累死在路上。

贪心人走不回来，是因为贪。然而现实生活中还有一些人，他们不贪，可是也走不回来。

有一次，我要在客厅里钉一幅画，请邻居来帮忙。画已经在墙上扶好，正准备钉钉子，他说："这样不好，最好钉两个木块，把画挂上面。"我遵循他的意见，让他帮着去找木块。

木块很快找来了，正要钉，他说："等一等，木块有点大，最好能锯掉点。"于是便四处去找锯子。找来锯子，还没有锯两下，"不行，这锯子太钝了，"他说，"得磨一磨。"

他家有一把锉刀，锉刀拿来了，他又发现锉刀没有把柄。为了给锉刀安把柄，他又去学校园边的一个灌木丛里寻找小树。要砍下小树，他又发现我那把生满老锈的斧头实在是不能用。他又找来磨刀石，可为了固定住磨刀石，必须得制作几根固定磨刀石的木条。为此他又到校外去找一位木匠，说木匠家有一现成的。然而，这一走，就再也没见他回来。当然了，那幅画，我还是一边一个钉子把它钉在了墙上。下午再见到他的时候，是在街上，他正在帮木匠从五交化商店里往外抬一台笨重的电锯。

工作和生活中有好多种不走回来的人。他们认为要做好这一件事，必须得去做前一件事，要做好前一件事，必须得去做更前面的事。他们逆流而上，寻根探底，直至把原始的目的淡忘得一干二净。这种人看似忙忙碌碌，一副辛苦的样子，其实，他们不知道自己在忙什么。起初，个别人也许知道，然而一旦忙开了，还真的不知道忙什么了。

【解读】

生活中，人们整天忙碌，但很多人一天下来不知自己在做什么。其实，每个人都该有自己的一个思路，清楚自己想要的是什么，然后努力去获取。

用智慧创造财富

【名言】

独创有两方面：一是形式的新颖，一是个人人格的化入。

——金克木

【故事】

很多年以前，在奥斯维辛集中营里，一个犹太人对他的儿子说，现在我们惟一的财富就是智慧，当别人说一加一等于二的时候，你应该想到大于三。纳粹在奥斯维辛毒死了几十万人，父子俩却活了下来。

1946 年，他们来到美国，在休斯敦做铜器生意。一天，父亲问儿子一磅铜的价格是多少？儿子答 35 美分。父亲说："对，整个得克萨斯州都知道每磅铜的价格是 35 美分，但作为犹太人的儿子，应该说成是 3.5 美元，你试着把一磅铜做成门把看看。"

2 年后，父亲死了，儿子独自经营铜器店。他做过铜鼓，做过瑞士钟表上的簧片，做过奥运会的奖牌，他曾把一磅铜卖到 35 美元，这时他已是麦考尔公司的董事长。然而，真正使他扬名的，是纽约州的一堆垃圾。

1974 年，美国政府为清理给自由女神像翻新扔下的废料，向社会广泛招标。但好几个月过去了，没人应标。正在法国旅行的他听说后，立即飞往纽约，看过自由女神下堆积如山的铜块、螺丝和木料后，未提任何条件，当即就签了字。

纽约许多运输公司对他的这一愚蠢举动暗自发笑，因为在纽约州，垃圾处理有严格规定，弄不好会受到环保组织的起诉。就在一些人要看这个犹太人的笑话时，他开始组织工人对废料进行分类。他让人把废铜熔化，铸成小自由女神像；把水泥块和木头用来加工底座；把废铅、废铝做成纽约广场的钥匙。最后，他甚至把从自由女神身上扫下来的灰包装起来，出售给花店，不到 3 个月的时间，他让这堆废料变成了 35 万美元现金，每磅铜的价格整整翻了 1 万倍。

【解读】

普通的废料垃圾，经过聪明头脑的整合，竟然成为巨额财富，这就是智慧的神奇所在。或许在很多人看来，生活中有很多看似一无是处的"废料"，然而，有谁想过将它们运用智慧去进行创新呢？

需要一把剪刀

【名言】

与众不同，这也是一种时髦，一种社会前进的积极因素。

——陈祖芬

【故事】

据说篮球运动刚诞生的时候，篮板上钉的是真正的篮子。每当球投进的时候，就有一个专门的人踩在梯子上把球拿出来。为此，比赛不得不断断续续地进行，缺少激烈紧张的气氛。为了让比赛更顺畅地进行，人们想了很多取球方法，都不太理想。有位发明家甚至制造了一种机器，在下面一拉就能把球弹出来，不过这种方法仍没能让篮球比赛紧张激烈起来。

终于有一天，一位父亲带着他的儿子来看球赛。小男孩看到大人们一次次不辞劳苦地取球，不由大惑不解：为什么不把篮筐的底去掉呢？一语惊醒梦中人，大人们如梦初醒，于是才有了今天我们看到的篮网样式。

去掉篮筐的底，就这么简单，但那么多有识之士都没有想到。听来让人费解，然而这个简单的“难题”困扰了人们多年。可见，无形的思维定势就像那个结实的篮子禁锢了我们的头脑，使得我们的思维就像篮球被“囚禁”在了篮筐里。于是，我们盲目地去搬梯子、去制造机器……

生活中许多时候，我们就需要这样一把剪刀，去剪掉那些缠绕我们的“篮筐”，生活原本并没有那么复杂。

【解读】

无论是生活中还是在工作里，人们往往会容易拘泥于固有格式，就像篮球运动诞生之初，一个简单的篮筐就让人们想破头皮，然而破解尴尬的却是一个小孩。这其中的原因很简单，因为孩子的脑子里没有诸多条条框框，孩子的意识世界是新奇的，他们乐于变通，并且善于想想，而这往往也是解决问题的关键。成功，往往不只是一味地执著，创新与变通，或许更能取得理想效果。

起死回生的十二个字

【名言】

标新立异无非是为了开拓。

——王蒙

【故事】

在北方的某个城市里，一家海洋馆开张了，5 元一张的门票，令那些想去参观的人望而却步。海洋馆开馆一年，简直门可罗雀。

最后，急于用钱的投资商以“跳楼价”把海洋馆脱手，洒泪回了南方。新主人入主海洋馆后，在电视和报纸上打广告，征求能使海洋馆起死回生的金点子。

一天，一个女教师来到海洋馆，她对经理说她可以让海洋馆的生意好起来。按照她的做法，一个月后，来海洋馆参观的人天天爆满，这些人当中有三分之一是儿童，三分之二则是带着孩子的父母。三个月后，亏本的海洋馆开始盈利了。

海洋馆打出的广告内容很简单，只有 12 个字：儿童到海洋馆参观一律免费。

此后，世界上很多科学杂志，刊登了这种自然现象，并把它命名为“姆佩姆巴效应”。

这个真实事例给我们的启示是：对于不同凡响的观点、与众不同的看法，我们不要立即予以讥笑，而是应该用科学的方法去证明这个观点、看法是对还是错，说不准这个被大多数人认为是谬论的东西，还是一个响当当的真理呢！

【解读】

海洋馆的生意开业之初可谓惨淡无比，然而在听取并实施了那“十二字”之后，却奇迹般地出现转机。其实，成功的奥秘在于转变，当一条路走不通的时候，试着去转变创新，总会有意想不到的结果。